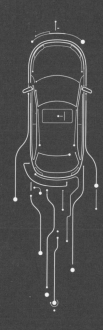

新能源与智能汽车技术 丛书

Hybrid Power System Optimization and
Intelligent Energy Management

混合动力系统优化及智能能量管理

曾小华　王　越　等著

化学工业出版社

·北京·

内 容 简 介

本书首先以商用车混合动力系统能量流动为出发点，提出了混合动力系统瞬时效率最优的控制方法，并得到了实际案例的验证。其次针对实际公交客车复杂行驶工况数据，提出了基于能耗特征的数据挖掘方法，对车联网数据进行了有效利用。在此基础上，提出有效利用车联网信息的分层优化自适应智能能量管理方法与深度强化学习智能能量管理控制方法，并对这些智能能量管理控制方法的最优性与工况适应性、实时性均进行了验证。

本书紧密结合工程应用的基本要求，内容完整、系统、重点突出，强调知识的应用性，具有较强的针对性。本书适合汽车研发设计、教学科研等相关人员使用。

图书在版编目（CIP）数据

混合动力系统优化及智能能量管理/曾小华等著. —北京：化学工业出版社，2023.1

（新能源与智能汽车技术丛书）

ISBN 978-7-122-42384-9

Ⅰ.①混… Ⅱ.①曾… Ⅲ.①混合动力汽车-能量管理系统 Ⅳ.①U469.7

中国版本图书馆 CIP 数据核字（2022）第 197701 号

责任编辑：黄　滢　　　　　　　　　　　装帧设计：王晓宇
责任校对：赵懿桐

出版发行：化学工业出版社（北京市东城区青年湖南街 13 号　邮政编码 100011）
印　　装：高教社（天津）印务有限公司
787mm×1092mm　1/16　印张 12¼　字数 286 千字　2023 年 3 月北京第 1 版第 1 次印刷

购书咨询：010-64518888　　　　　　　　售后服务：010-64518899
网　　址：http://www.cip.com.cn
凡购买本书，如有缺损质量问题，本社销售中心负责调换。

定　价：128.00 元　　　　　　　　　　　　　　　　　　版权所有　违者必究

前言

汽车在给世界各国工业生产及人们生活带来巨大便利的同时，也造成了全球能源短缺、气候变暖、环境污染等一系列问题，为此，世界各国相继出台政策文件，大力支持节能汽车与新能源汽车的发展。自2001年，我国先后在"十五"至"十四五"规划中持续制定了多项节能与新能源汽车发展规划。在节能技术体系中，动力电池在成本、性能及安全性等方面存在短板，极大地限制了纯电动汽车的发展，而混合动力汽车通过多动力源协作与能量回收等途径可显著节能，在诸多领域如重载、远距等运输需求下具备比纯电动汽车更加显著的优势，因而混合动力汽车仍将在中长期内占据节能及新能源汽车市场的主要份额，具备广阔的市场应用前景。可见，以混合动力系统为基础，突破以"高效、节能"为导向的设计与控制关键理论技术，已经成为我国节能与新能源产业发展的共性需求。

在移动互联、大数据等技术的推动下，汽车产业正向智能化、网联化快速融合发展。早在2015年国务院印发的《中国制造2025》里，智能网联汽车便已经被当作汽车产业未来转型升级的重要方向。与此同时，面对日益突出的燃油供求矛盾和环境污染问题，我国针对节能与新能源汽车相继出台了相关发展规划和技术路线。可以预见，关于先进节能技术的研究将是节能汽车研究领域的重点，网联化、电动化的融合将成为节能与新能源汽车领域重要的发展方向。而本书所探讨的混合动力汽车是一个复杂的非线性多动力源系统，如何基于车联网提取可利用信息，采用有效的智能控制方法，对混合动力汽车的能量管理策略进行优化控制，实现各动力源更高效合理的工作，进而逐步提高混合动力汽车在不同路况、不同地区的节能水平和适应性，是当前智能网联混合动力汽车研究的关键，也是当前网联化、电动化、智能化技术在混合动力汽车领域融合发展的行业需求。

基于以上背景，结合作者及研究团队自1999年以来从事节能与新能源汽车研发设计，特别是混合动力汽车先进设计与控制技术的研究经验和成果撰写形成此书。本书在汽车"节能减排"与"网联化"的时代背景下，围绕如何实现车辆混合动力系统的高效优化设计，如何有效利用车联网信息提高车辆混合动力系统的节能潜力开展技术介绍。本书通过建立构型拓扑，提出基于 Isight 平台的参数-控制双层优化架构，分析不同构型各部件参数的取值趋势和范围，实现混合动力系统优化设计，并在不同构型混合动力系统上得到验证。另外，通过分析车联网平台数据的特点和问题，介绍了行驶工况数据处理方法，针对实际车辆复杂行驶工况数据，提出基于能耗特征的数据挖掘方法，对车联网数据进行有效利用。在此基础上，结合数据挖掘结果，本书介绍了两种智能能量管理策略：一是从提升策略对于工况信息的利用程度出发，建立了基于行驶工况信息的分层优化自适应智能能量管理策略；二是从适应性较强的学习型智能算法角度，建立了固定线路全局优化的深度强化学习能量管理策略，两种策略都提升了混合动力车辆能量管理策略的最优性和工况适应性，并利用硬件在环测试平台完成了对两种智能能量管理控制策略实时性的测试和验证。本书创新性地、有效地挖掘了车联网信息并用于能量管理优化控制，充分发挥了车辆混合动力系统的节能潜力，为汽车深度节能技术的发展奠定了基础。

　　本书由吉林大学曾小华教授、清华大学王越博士后、吉林大学黄钰峰博士研究生和一汽解放商用车开发院陈建新工程师著。在编写的过程中，得到了吉林大学车辆工程专业研究生李凯旋、王一阳、向荣辉的鼎力支持与协助，吉林大学车辆工程专业博士研究生张轩铭也为本书的校核和审阅提出了宝贵的建议。在此，一并表示感谢。

　　由于本书涉及内容广泛以及编者水平有限，书中不妥之处在所难免。欢迎使用本书的广大读者批评指正。 E-mail: zeng.xiaohua@126.com

著　者

目录

第1章 绪论 ··· 001
  1.1 节能与新能源汽车的发展概况 ··· 002
  1.2 混合动力系统优化设计方法研究 ··· 004
    1.2.1 混合动力系统构型拓扑研究现状 ·· 005
    1.2.2 混合动力系统设计参数与控制联合优化研究现状 ···························· 009
  1.3 融合车联网信息的混合动力系统能量管理控制研究 ································ 011
    1.3.1 车联网与车辆节能技术 ··· 011
    1.3.2 混合动力车辆行驶工况信息研究现状 ·· 015
    1.3.3 混合动力车辆能量管理策略研究现状 ·· 018
  1.4 本章结语 ··· 023

第2章 混合动力系统优化设计方法 ·· 025
  2.1 混合动力系统构型拓扑分析 ··· 026
    2.1.1 构型拓扑生成 ··· 026
    2.1.2 生成结果与分析 ··· 035
  2.2 混合动力系统内外双层参数优化方法 ·· 040
    2.2.1 优化三要素的确定 ·· 041
    2.2.2 混合动力系统参数-控制双层优化算法设计 ···································· 045
  2.3 优化结果验证与分析 ··· 048
  2.4 本章结语 ··· 066

第3章 基于车联网信息行驶工况处理 ··· 068
  3.1 车联网信息下汽车行驶工况数据获取 ·· 069

   3.1.1 新能源汽车车联网平台介绍 ·· 069
   3.1.2 基于车联网的行驶工况数据获取 ·· 072
   3.1.3 车联网平台下行驶工况数据质量问题 ······································ 075
  3.2 车联网平台下行驶工况数据缺失与数据噪声处理 ································ 077
   3.2.1 基于插补与神经网络的缺失数据估计方法 ······························· 078
   3.2.2 基于小波变换的噪声数据滤波方法 ··· 078
   3.2.3 行驶工况噪声数据清洗方法 ·· 080
  3.3 车联网平台下行驶工况数据处理的评价方法 ·· 083
   3.3.1 行驶工况数据误差评价指标 ·· 083
   3.3.2 行驶工况特征参数评价指标 ·· 083
  3.4 本章结语 ·· 084

第4章 基于车联网信息行驶工况数据挖掘 ··· 085

  4.1 数据挖掘理论在行驶工况数据中的应用 ··· 086
  4.2 基于能耗特性的公交线路行驶工况特征参数分析 ································ 087
   4.2.1 公交线路特征统计分析 ··· 088
   4.2.2 基于公交客车线路特点的行驶工况特征参数集 ····················· 090
   4.2.3 车辆能耗特性与工况特征关系分析 ·· 092
   4.2.4 基于能耗回归分析模型的工况特征参数筛选 ························· 096
  4.3 基于能耗特征与线路特征参数的固定线路行驶工况合成 ··················· 097
   4.3.1 基于 K-Means 算法的工况聚类分析 ······································· 098
   4.3.2 马尔可夫链状态转移矩阵 ··· 100
   4.3.3 公交线路行驶工况合成结果分析 ·· 101
  4.4 基于能耗特征与线路特征参数的未来行驶工况智能预测 ··················· 103
   4.4.1 基于 LS-SVM 和 BP-NN 的智能预测模型 ······························ 103
   4.4.2 未来工况智能预测模型对比 ·· 105
   4.4.3 未来工况预测精度影响因素分析 ·· 108
   4.4.4 未来工况预测模型的鲁棒性分析 ·· 112
  4.5 本章结语 ·· 114

第5章 基于行驶工况信息的分层优化自适应能量管理策略 ··············· 115

  5.1 行星式混合动力公交客车功率分流特性及其能量管理 ······················ 116
   5.1.1 双行星排功率分流式混合动力系统构型 ································ 116
   5.1.2 双行星排式混合动力系统功率分流状态分析 ························· 119
   5.1.3 双行星排式混合动力系统能量管理策略 ································ 121

5.2 分层优化自适应智能能量管理策略概述 ········· 125
5.2.1 分层优化自适应智能能量管理策略研究内容 ········· 125
5.2.2 分层优化自适应智能能量管理策略架构 ········· 126

5.3 基于固定线路合成工况的近似全局最优控制 ········· 127
5.3.1 考虑终止约束的全局优化 SOC 轨迹求解 ········· 128
5.3.2 基于近似全局最优的模式切换规则提取 ········· 131
5.3.3 基于近似全局最优的 SOC 轨迹规划模型 ········· 133

5.4 基于未来工况预测的 A-ECMS 自适应控制 ········· 135
5.4.1 基于 PMP 的等效燃油消耗最小策略 ········· 136
5.4.2 基于未来工况预测信息的自适应规律 ········· 139
5.4.3 基于 LQR 控制器的 SOC 跟随策略 ········· 140

5.5 分层优化自适应智能能量管理策略验证与分析 ········· 142
5.5.1 分层优化自适应智能能量管理策略最优性 ········· 142
5.5.2 分层优化自适应智能能量管理策略适应性 ········· 147

5.6 硬件在环试验 ········· 148
5.6.1 硬件在环试验平台 ········· 148
5.6.2 硬件在环试验结果分析 ········· 150

5.7 本章结语 ········· 153

第6章 基于固定线路全局优化的深度强化学习能量管理策略 ········· 154

6.1 学习型智能能量管理控制策略概述 ········· 155
6.1.1 学习型智能能量管理策略研究进展 ········· 155
6.1.2 学习型智能能量管理的控制问题 ········· 157

6.2 基于固定线路全局优化的深度强化学习能量管理策略 ········· 159
6.2.1 Deep Q-Learning 深度强化学习算法 ········· 159
6.2.2 基于固定线路行驶信息的深度强化学习策略架构 ········· 161
6.2.3 Deep Q-Learning 能量管理策略算法设计 ········· 162

6.3 基于固定线路全局优化的深度强化学习能量管理策略验证 ········· 163
6.3.1 F-DQL-EMS 智能能量管理策略的最优性 ········· 164
6.3.2 F-DQL-EMS 智能能量管理策略的工况适应性 ········· 167

6.4 硬件在环试验 ········· 168

6.5 两种智能能量管理策略对比分析 ········· 170
6.5.1 智能能量管理策略的最优性 ········· 170
6.5.2 智能能量管理策略的工况适应性 ········· 171

    6.5.3 智能能量管理策略的总结分析 …………………………… 172

  6.6 本章结语 ………………………………………………………… 172

第7章 **全书总结** ……………………………………………………… 174

  7.1 内容总结 ………………………………………………………… 175

  7.2 未来展望 ………………………………………………………… 176

名词简写 ……………………………………………………………… 178

名词索引 ……………………………………………………………… 179

参考文献 ……………………………………………………………… 182

第 1 章

绪论

1.1 节能与新能源汽车的发展概况
1.2 混合动力系统优化设计方法研究
1.3 融合车联网信息的混合动力系统能量管理控制研究
1.4 本章结语

1.1 节能与新能源汽车的发展概况

为应对日益突出的燃油供求矛盾和环境污染问题，世界各国逐渐将发展节能与新能源汽车作为国家战略。如图1-1所示为我国《节能与新能源汽车技术路线图2.0》总体发展目标，可以看到，无论是乘用车还是商用车，其油耗与排放标准日益严苛。因此，加快推进技术研发和产业化，大力发展和推广应用汽车节能技术既是有效缓解能源及环境压力、推动汽车产业可持续发展的紧迫任务，也是加快汽车产业转型升级、培育新的增长点和国际竞争优势的战略举措。

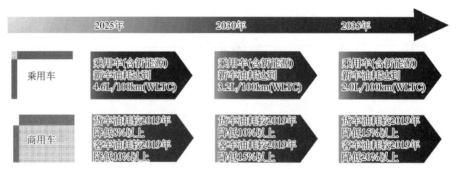

图1-1 我国《节能与新能源汽车技术路线图2.0》总体发展目标

近年来，我国新能源汽车产业技术水平显著提升，产业链逐渐完善，形成了一批有竞争力的整车及零部件企业。从图1-2我国新能源汽车历年产销量可以看到，我国新能源汽车产销量快速增加，连续七年位居世界首位，我国新能源汽车产业已经由快速起步阶段进入追求高质量的加速发展阶段。然而，我国新能源汽车产业的高速发展主要集中在乘用车领域，且以纯电动战略为主线，而商用车由于型号众多、载重跨度大、运行工况更加复杂多样、成本要求更加严苛等原因，使其电动化发展进度相比乘用车明显滞后。

在汽车造成的大气污染中，相比乘用车，以柴油机为主的商用车污染占比非常大，特别是氮氧化合物和颗粒物排放几乎都来自商用车，如图1-3所示。事实上，据2022年有关数据显示，我国商用车的保有量约为4000万辆，占全国汽车总量的10.9%，但商用车碳排放量却占我国汽车碳排放总量的近65%。随着相关法规的日益严苛，商用车节能减排亟待进行，加之我国交通运输行业需求逐年增加，商用车逐渐向更安全、更高效、更节能、更可靠的高端方向发展，传统柴油动力系统难以满足这些高要求，因此发展节能与新能源商用车是必经之路。

当前国内节能与新能源商用车发展正处于快速发展阶段，动力系统技术路线在纯电动、混合动力、燃料电池三方面均有相关探索与实践。其中纯电动技术在轻卡、客车以及一些专用车辆上有不错的应用前景并已经开始推广，如面向城市物流运输的纯电动微型车、轻型卡车、城市公交客车以及一些专用车辆如洒水车、搅拌车、港口运输车、矿区用卡车等，较短途且固定的运输路线使

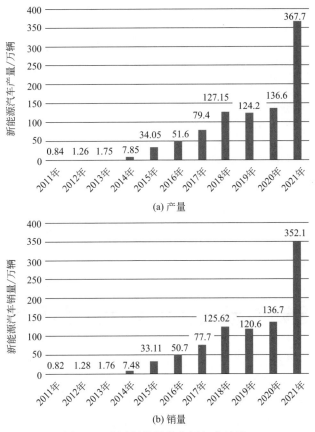

(a) 产量

(b) 销量

图 1-2 我国新能源汽车历年产销量

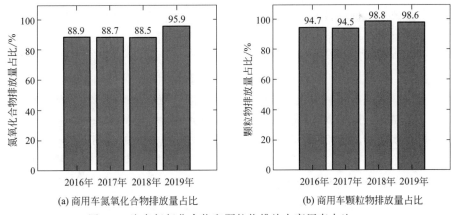

(a) 商用车氮氧化合物排放量占比

(b) 商用车颗粒物排放量占比

图 1-3 汽车氮氧化合物和颗粒物排放中商用车占比

纯电动系统的应用成为可能，但是对于长距离运输且大载重的牵引车、自卸车等车型，纯电动方案难以应对。我国燃料电池技术当前依然处于研发和小规模示范运行阶段，在重要零部件、关键工艺、材料、耐久性等方面与国外相比依然存在一定差距，离产业化应用还有较长的路要走。而混合动力技术相较于燃料电池技术更加成熟，相比于纯电动系统，没有长途充电的顾虑，能够使用更小功率的电机、电池，对动力系统的改动小，成本低，是当前技术条件下能够显著降低整车全生命周期成本并且满足国家排放法规要求的有效可行方案，当前阶段已经在一些轻、中、重型卡车上有所应用。因此，面对日益严苛的油耗法规限制和环保需求以及受当前技术水平的限制，采用混合动力技术是当前阶段商用车发展的必经路线。

对比国内外混合动力商用车及变速器总成产品可以发现，国内外不同厂商在产品构型、部件参数和控制策略上相差迥异。国外相关厂商形成了比较成熟的技术，其混合动力商用车产品实现了可观的效能，然而国内商用车混合动力领域虽然出现了相关产品，但仍处于发展阶段，存在较大的优化空间，所以混合动力系统优化设计问题就显得尤为重要，系统方案直接影响产品最终性能与竞争力；混合动力系统方案确定后如何通过良好的控制方法，特别是如何应用联网大数据进行智能能量管理，以充分挖掘混合动力系统的节能潜力也是当前亟待解决的另一个关键问题。

1.2 混合动力系统优化设计方法研究

与传统燃油汽车及纯电动汽车相比，混合动力构型种类繁多，动力系统耦合复杂，系统优化设计面临更大挑战：①不同类型、不同级别汽车在不同行驶路况环境下具有不同的最适宜混动构型，已设计和生产的混合动力产品所采用的混合动力构型方案由于转矩范围等限制不一定适用于新的应用场景；②乘用车与商用车采用不同类型的发动机，如商用车采用高效的柴油发动机，故混合动力系统能量管理策略的制定应与乘用车进行区分；③汽车作为工业化产品其以盈利为最终目的，而商用车作为最主要的陆路运输工具其成本更需严格把控，使得混合动力系统的方案设计问题空间变得更窄，对动力系统部件参数提出了更严格的限制，尤其是电机、电池等功率等级与成本直接相关的部件需要一个更加精细的匹配。以上三方面的需求和制约表明，对构型拓扑、部件参数、控制策略进行更加深入的耦合考虑对于混合动力系统的设计来说尤为重要。因此本书将利用计算机仿真技术对混合动力系统的优化设计问题进行研究，定量地反映混合动力系统的性能与经济效益，为我国混合动力车辆的发展提供有利参考和指导。

混合动力系统的优化设计问题主要包括三个方面：构型拓扑、部件参数的匹配和能量管理。这三方面相互耦合制约，使得混合动力系统的优化设计问题变得非常复杂，本质上混合动力系统的优化设计问题是带有离散设计变量和连续设计变量的多学科设计优化问题（Multidisciplinary Design Optimization，MDO）。由于设计问题的复杂性，大多数学者往往将这三方面问题分开考虑，设计结果往往是次优的。随着混合动力系统理论与应用技术的不断发展，将构型拓扑、参数匹配、能量管理进行联合考虑成为混合动力系统优化设计问题的发展趋势。其中，构型拓扑的设计往往是一个更顶层的问题而被单独讨论和处理，而参数匹配和控制策略可以利用计算机构建一个集成架构进行联合优化。

这是因为构型拓扑代表了混合动力系统中各部件的连接关系，不同的构型拓扑代表了不同的力学关系，而参数匹配和能量管理策略的设计与系统力学方程息息相关，只有构型确定才能具体实施参数和控制的设计。而且构型拓扑的选择往往带有很强的经验性，因此现有的联合优化方法往往针对几种构型分别进行参数与控制的联合设计，最后再对几种构型的最优设计结果进行对比，选择出最终的设计方案。下面首先对混合动力系统构型拓扑的研究现状进行介绍，然后介绍参数与控制联合优化设计的研究进展。

1.2.1 混合动力系统构型拓扑研究现状

混合动力系统具有多个动力源，各动力源间有多种连接方式，这决定了混合动力系统构型拓扑的多样性。目前混合动力系统可基本分为三大类：串联式、并联式、混联式。

（1）串联式

串联式混合动力汽车由发动机、发电机、电池组、电动机等组成，基本构型如图 1-4 所示。

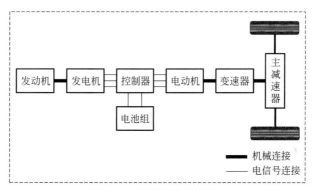

图 1-4 串联式基本构型

在该构型系统中发动机与轮端无机械连接，发动机与发电机组成一个发电机组，另一个电机为车辆提供驱动动力。这种构型的主要优势是保证发动机始终以最高效率工作，但是发动机的机械能需要经过两次完全的电路径转换才能用于驱动车辆行驶，因此整车效率并不是很高。这种构型适合于搭配高效区较窄的发动机和频繁启停的城市工况，且串联式系统对发电机和驱动电机的功率等级要求均较高，因此不适合应用在重型车辆上。

（2）并联式

并联式混合动力汽车由发动机、电池组、电动机、转矩耦合器等组成，根据电动机相对于发动机、离合器、变速器的位置不同可以分为 P0、P1、P2、P3、P4 及这些构型的组合方案，其基本构型如图 1-5 所示。

以上并联式混合动力形式在乘用车中应用广泛。部分并联式系统发动机与电动机均可直接通过机械路径将动力传递至轮端，因此效率比串联式高。一般发动机、电动机均可单独工作，由一个电动机完成驱动、助力或发电等工作。

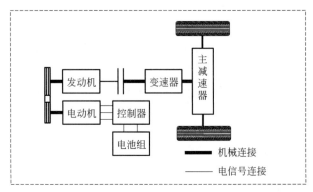

(a) P0并联式构型

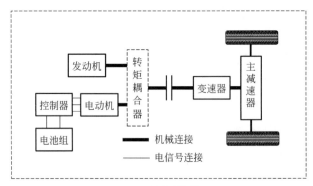

(b) P1并联式构型

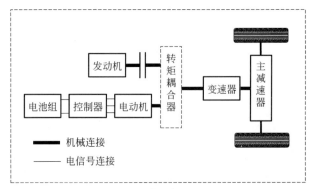

(c) P2并联式构型

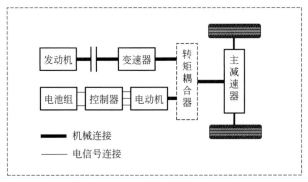

(d) P3并联式构型

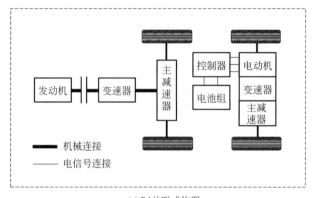

(e) P4并联式构型

图 1-5 并联式基本构型

(3) 混联式

混联式系统一般有两种构型方案：行星混联构型和开关混联构型，其基本构型如图 1-6 所示。

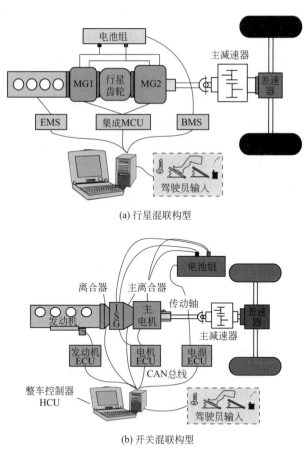

(a) 行星混联构型

(b) 开关混联构型

图 1-6 混联式基本构型

行星混联构型利用行星齿轮机构可对发动机转速和转矩进行完全解耦。其中，单行星排构型根据发动机、电机与行星排的连接关系的不同可分为输入分配式与输出分配式两种；多行星排配合相应的离合器和制动器可形成复合分配式构型或多模混合动力系统。这样的系统可通过离合器、制动器的作动实现多种拓扑结构，使车辆具有较多的工作模式，因此对复杂工况具有较好的适应性，但由于多模系统结构和控制过于复杂，导致该系统实际应用较少。较为成功的构型为单排输入分配式构型，代表车型为丰田 Prius。这种构型在大部分时间内处于功率分流状态，发动机功率通过电路径和机械路径传递至轮端，这种构型只付出了一小部分发动机功率二次转换带来损耗增加的代价，但保证了发动机热效率的显著提升，因此整车效率很高，是非常成功的混合动力构型。

开关混联构型能实现串联、并联、混联多种功能，其结构相比功率分流式要简单，节油效果优异，在乘用车中也有许多应用。

混合动力系统构型虽大体分为以上所述的三大类别，但是每一大类包含多种拓扑连接结构，探索未知构型始终是混合动力研究的重点问题之一。一些研究表明，构型上的微小变动可能带来可观的性能提升。对构型的探索被称为拓扑生成（Topology Generation），也通常被描述为约束满足问题（Constraint Satisfaction Problem，CSP）。构型是各部件连接关系的组合，拓扑生成即是在满足一系列连接约束的条件下搜索出所有可行的连接组合，但往往对各部件连接约束的分析不够系统全面，导致最终找出的大量构型拓扑存在重复。荷兰埃因霍温理工大学的 Kort 等人对这一约束满足问题的建立及求解进行了详细的介绍，并使用回溯法进行编程求解，然后以电液无级变速器（Continuously Variable Transmission，CVT）的拓扑生成为例对方法进行了验证；美国斯蒂文斯理工学院的 Bayrak 博士以键合图的方式表示构型拓扑，类似地也列出相关约束以排除不合理的拓扑，并应用该方法对含有多个行星排的系统进行了构型生成，进一步地提出了一种可以使用任意数量行星排和任意数量离合器、制动器生成所有可行构型的方法，利用键合图和连接表对拓扑进行表示，针对单排和双排构型拓扑的生成进行了举例说明，并将拓扑生成和部件参数、控制策略集成到一起进行联合优化以凸显该方法在集成设计过程中的易用性。除此之外，更多的研究集中在专门讨论以行星排为连接元素的拓扑生成和自动的动力学建模中。美国密西根大学的 Jinming Liu 等人针对双排构型开发了自动动态系统建模方法并对所有可能拓扑推导动力学方程，然后根据约束筛选可行构型并进行了部件参数和控制参数的联合优化；福特汽车公司的 Xiaowu Zhang 等人研究了多行星排、离合器、制动器系统的动力学方程的自动建模；重庆大学的邓淇元融合工况信息，利用机器学习算法对不同工况下单排系统进行了高效的评价和寻优；重庆大学的刘振涛利用图论理论对单排系统进行筛选得到 EVT 构型库，并研究其动力学模型的自动建立方法；重庆大学的蒋星月将多排拓扑的连接分成行星排之间的连接、行星排与电机及输出端的连接、制动器及离合器与行星排的连接三部分，最后得到一种可以生成具有 N 个动力源和 N 个行星排构型的通用方法。

综上分析，针对已有的串、并、混联构型的研究已较成熟并在实际产品中有所应用。针对新构型的拓扑生成则是一个较开放的问题，以连接关系为核心的拓扑生成方法需要更加严谨、充分的约束，以防止得出大量包含不合理连接关系的解。以行星排为核心部件的拓扑生成方法多样，但应用起来均具有不小的难度。

1.2.2 混合动力系统设计参数与控制联合优化研究现状

目前对于混合动力系统设计参数与控制的联合优化设计主要有三种架构：交互式设计（Alternating）、嵌入式设计（Nested）、同时设计（Simultaneous）。部件参数与控制参数的优化设计架构如图1-7所示，其中交互式设计方法是先确定一组部件参数后，再设计一组控制策略参数，根据控制效果的好坏再修改部件参数并再给定一组控制参数，如此反复迭代得到更优的设计组合，是一种经验式的设计。嵌入式设计是将控制策略的优化嵌入部件参数的优化中，也被称为双层优化，其中，外环优化变量为部件参数，内环优化变量为控制参数，对于外环优化给出的每一组部件参数，内环优化都进行迭代，找到当前部件参数组合下目标函数的最优值及控制参数并返回给外环优化算法进行判断，给出下一组部件参数，如此反复迭代直到找到最佳的部件参数与控制参数组合。同时设计则是将系统模型进行相应的数学处理，然后利用基于数学的优化算法进行快速的优化，应用较多的方法是凸优化。三种优化架构中交互式设计的设计效果较差，同时设计需要较复杂的数学处理，应用最广泛的是嵌入式设计。

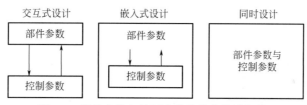

图1-7 部件参数与控制参数的优化设计架构

在嵌入式双层优化架构中，关键的环节在于目标函数与设计变量的确定、系统建模、能量管理策略的制定和优化算法的设计。北京理工大学的孙逢春院士团队针对串联履带车辆建立后向模型，利用动态规划（Dynamic Programming, DP）计算最低油耗，以电池容量和变速器速比为优化变量，以燃油消耗量为目标函数，使用非线性序列二次规划法（NLPQL）进行了迭代寻优，得到了燃油消耗量与电池容量、混合度间的非线性关系；美国丹佛大学的Wenzhong Gao针对并联混合动力系统，利用PSAT软件建立前向系统模型并制定基于规则的控制策略，以发动机最大功率、电机最大功率、电池容量、主减速比以及控制策略中允许电池SOC上下限两控制参数为设计变量，以两典型工况下的油耗为目标函数，利用分割矩形法（DIRECT）、遗传算法（Genetic Algorithm, GA）、模拟退火算法（Simulated Annealing, SA）、粒子群算法（Particle Swarm Optimization, PSO）四种优化算法分别对这一优化问题进行迭代求解，并比较了不同优化算法优化结果的差异和不同算法的求解效率；TATA汽车技术中心的Sina Shojaei针对串联混动系统建立后向仿真模型并制定基于规则的控制策略，以电池单体数和 APU（Auxiliary Power Unit）最大功率为设计变量，分别以最小化运营成本和最大化电池寿命为目标函数，利用 SA 算法进行优化设计，得到了两目标函数下设计变量的不同优化解；瑞士苏黎世联邦理工学院的 Soren Ebbesen 针对并联混合动力系统建立后向模型并利用 DP 求解最优功率分配，以发动机排量和电机最大功率为设计变量，以油耗和部件成本的加权和为目标函数，利用 PSO 算法进行了迭代寻优，并通过计算不同权重因子下的最优设计得到油耗和部件成本两目标函数的帕累托解集；瑞士苏黎世联邦理工学院的 Tobias 针对两并联混动系统建立后向模型，利用动态规划算法求解最优动力分配，以发动机最大功率、电机最大功率、电池容量为设计变量，以油耗和部件成本的加权和为目标函数，利用 PSO 算法进行迭代寻优，通过计算不同权重因子对应的最优设计得到帕累托解集，发现当成本超过一定限值时继续增加成本带来的油耗节约变化很小这种非线性关系；加拿大蒙利尔康考迪亚大学的 Chirag Desai 针对并联混动客车，利用 Advisor 建立系统模型，并制定基于规则的控制策略，以发动机最大转矩、电机最大转矩、电池容量以及控制策略中纯电动汽车车速上限、发动机停转对应转矩门限等控制参数为设计变量，以油耗和总排放为目标函数，利用多目标遗传算法（Multi-Objective Genetic Algorithm，MOGA）直接求解这一多目标优化问题（Multi-objective Optimization Problem，MOP），并得到帕累托解集，反映出油耗与总排放两目标函数间的矛盾关系；湖南科技大学的吴亮红教授团队针对并联混合动系统制定基于规则的控制策略，以发动机转矩外特性、电机转矩外特性、电池容量为设计变量，以油耗、HC 排放、NC 排放为目标函数，利用多目标自适应差分进化算法求解帕累托前沿，得到两种工况下三目标函数间的相互制约关系；荷兰埃因霍温理工大学的 Emilia Silvas 教授团队针对并联混动系统建立后向模型，利用 DP 求解最优动力分配，以电机最大功率和电池容量为设计变量，以运营成本和部件成本的加权和为目标函数，利用 DIRECT、GA、PSO、SQP 四种优化算法分别进行寻优计算，通过计算不同权重系数对应的最优解得到帕累托解集，并比较了不同优化算法的求解效率。

综上，由于混合动力汽车的最大意义在于提升燃油经济性，因此相关研究几乎都会将油耗作为优化的目标函数，除此之外还有排放、成本等指标。当考虑多个目标函数时，或将其归一化转变为单变量问题并讨论权重因子得到帕累托前沿，或直接利用多目标优化算法求解帕累托前沿。在设计变量的选择方面，发动机、电机等关键部件参数多被选择作为设计变量，但由于缺乏实际发动机数据而采用对发动机进行线性缩放的方法使对不同功率等级发动机的计算过于理想化。在系统建模方面，前向建模与后向建模方法均有应用，但前向建模方法的计算复杂且耗时长。在能量管理策略方面，基于规则的策略和基于 DP 的策略被广泛采用，基于规则的策略简单但不能保证得到最小燃油消耗量，基于 DP 的策略虽可得到理论最小油耗但计算时间很长，当可变参数增多时 DP 的计算负荷将呈指数级增长。在优化算法方面，智能优化算法应用更加广泛，能够处理任意类型的优化问题，但计算时长相比基于梯度的算法大得多。

1.3 融合车联网信息的混合动力系统能量管理控制研究

伴随国家多项发展规划和政策的密集出台，以及在移动互联、大数据等技术的推动下，汽车产业正向智能化、网联化快速融合发展。早在 2015 年国务院印发的《中国制造 2025》中，我国便已经将智能网联汽车作为汽车产业未来转型升级的重要方向之一。与此同时国家针对节能与新能源汽车相继出台相关发展规划和技术路线《节能与新能源汽车技术路线图 2.0》，其指出至 2035 年中国方案智能网联汽车将与智慧能源、智能交通、智慧城市深度融合。可以预见，面向先进节能技术的研究将是我国节能与新能源汽车产业发展的重点。在网联化与智能化的发展背景下，针对节能与新能源汽车，越来越多的研究将逐渐集中到网联化、智能化融合技术领域。

随着车联网技术及智能网联车辆（Intelligent Connected Vehicles，ICV）的不断发展，采用车联网技术、智能交通数据信息解决混合动力车辆的优化控制，改善燃油经济性，实现混合动力车辆的深度节能，成为学者们关注的焦点，也为混合动力汽车的能量管理及优化的问题提供新思路。本节将详细介绍当前车联网技术与混合动力车辆能量管理策略的研究进展，包括车联网与混合动力车辆节能技术、行驶工况信息利用技术和能量管理控制策略研究三个方面，旨在为后续车联网信息挖掘和智能能量管理策略设计提供重要研究参考。

1.3.1 车联网与车辆节能技术

车联网是指装载在车辆上的电子标签通过无线射频等识别技术，以车内网、车际网和车载移动互联网为基础，依据通信协议和交互标准，在车、路、行人等之间，进行数据交互的系统网络，可实现交通管理和车辆控制的一体化网络，如图 1-8 所示，可以实现在数据监管平台上对所有车辆的属性信息和静态、动态信息进行提取管理及有效利用。

基于车联网平台可以实时获取车辆运行状态及交通流量等信息，通过指导驾驶行为、经济车速控制、车辆关键控制参数优化等方法促进车辆节能行驶，相关学者和专家已在此领域开展一定的研究工作，从指导驾驶员行为和车辆控制参数优化两个层面总结分析，当前采用车联网技术实现车辆节能技术的研究主要包括以下内容。

(1) 基于驾驶行为指导的驾驶辅助系统

生态型驾驶辅助系统是一种通过提供驾驶建议调整动力系统控制参数，达到节油目的的驾驶辅助系统。现有产品如宇通安节通、厦门金龙智驱系统等。以金龙客车车联网的智驱系统为例，介绍驾驶辅助系统节能技术原理。金龙客车车联网系统如图 1-9 所示，包括车载电脑和智慧运营管理系统两大部分，集

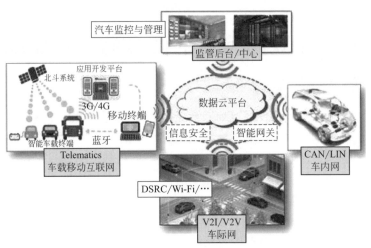

图 1-8　车联网组成及组织架构

成了车联网、云计算、自动控制等先进技术。车载电脑搜集车内部件状态信息,基于无线通信与中心服务器实现数据交互传输,实现对车辆及核心部件的监控与管理。

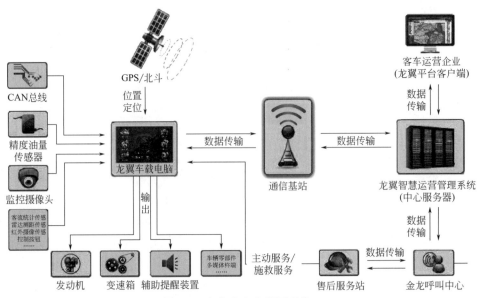

图 1-9　金龙客车车联网系统

金龙客车智驱系统如图 1-10 所示,通过车联网系统对驾驶员操作行为进行指导,实现节油驾驶提醒。智驱系统通过采集车辆行驶状态数据,分析驾驶行为和整车油耗,给出合理的驾驶建议以达到经济性驾驶的目的。车载电脑与远程管理平台联合工作,根据车辆实际道路特征信息智能分析和决策,实现对发动机以及变速器的自动控制。从车辆的运行工况分析,智驱系统降低了车辆在高油耗区域的占比,提高了经济运行工况的工作时间,综合以上技术,可实现 6%~8% 的节油率。

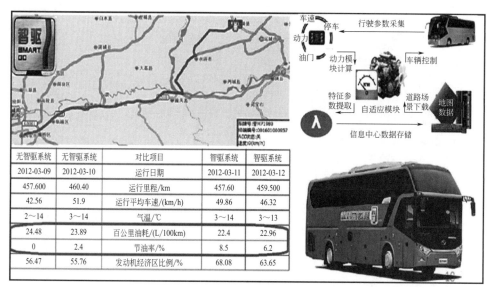

图1-10 金龙客车智驱系统

(2) 基于车联网信息的车辆关键控制参数智能优化

随着车联网及无线通信技术的不断发展，实时交通环境及车辆行驶工况数据的获取更加准确可靠，为车辆的智能优化控制提供潜在的可能。目前，融合车联网信息开展车辆性能优化控制研究，多集中于车辆智能驾驶及行驶安全性方面的研究。基于车联网信息进行节能优化控制及经济性方面的研究，主要围绕车联网行驶工况信息及结合行驶工况信息的能量管理策略研究，选取该方面国内外典型研究方法进行总结分析，如图1-11所示。

方法（1）基于车辆无线通信和云计算技术，采集大量行驶工况数据，并应用数据统计和分类方法分析行驶工况特征，针对插电式混合动力客车提出了一种基于云计算的能量管理优化控制策略。该框架包括离线部分和在线部分，可以实现离线部分的驱动条件聚类和在线部分的能量管理。

方法（2）基于GPS和GPRS与客车远程控制中心的车辆通信，获取公交客车行驶信息，提出一种针对固定公交线路客车的多模式切换逻辑控制策略，通过对行驶历史数据特征参数分析进行分类，识别对应不同控制策略，仿真结果得出所提出的策略相比于逻辑规则策略燃油经济性提升了7.96%。

方法（3）研究了在车联网环境下，基于车辆通信信息的燃油经济性分层控制，上层控制基于模型预测控制算法（Model Predictive Control，MPC）求解最优目标车速，下层控制基于目标车速进行燃油经济性的优化，传统乘用车应用此方法提升了6.44%的节油。

方法（4）应用交通流服务系统，采集实时交通流信息，建立了融合实时交通数据的预测能量管理策略架构，从长期工况层面基于实时交通流速度规划SOC轨迹，短期工况层面则基于短期预测车速和规划SOC约束建立MPC控制转矩分配策略。

以上四个典型代表文献的研究，其共同特点是必须通过车联网平台或者V2X（Vehicle to Everything）技术获取车辆行驶环境，得到工况信息及交通流

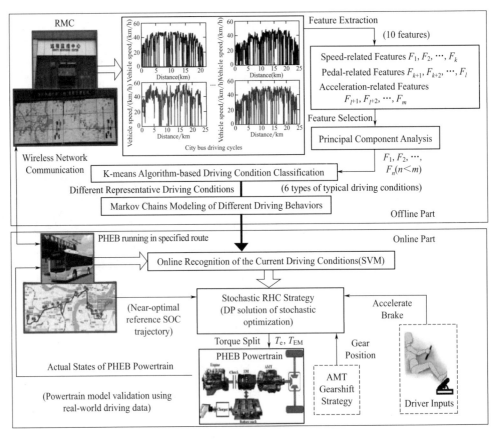

方法(1)

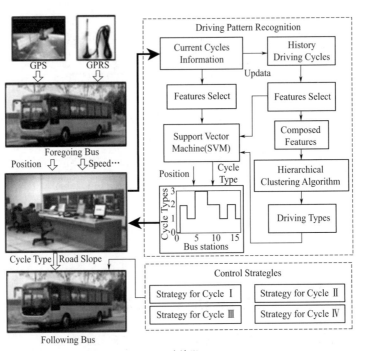

方法(2)

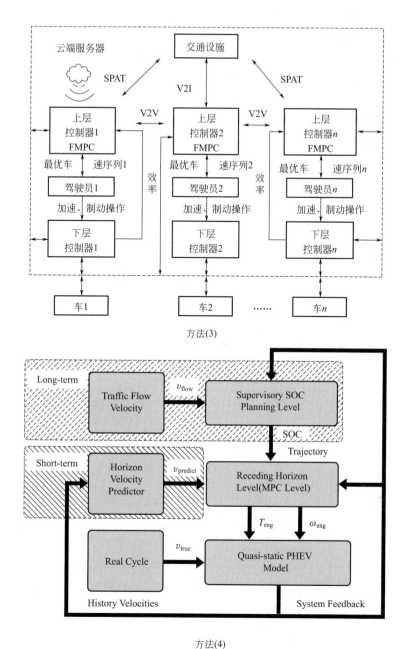

方法(4)

图 1-11 典型国内外研究代表文献研究进展

信息，并建立优化控制策略，实现车联网信息与能量管理策略的有效结合，进而实现混合动力车辆节能控制的目标。

1.3.2 混合动力车辆行驶工况信息研究现状

车辆行驶工况是混合动力汽车能量管理策略设计的依据，对混合动力汽车燃油经济性具有重要的影响。当前，进行能量管理策略设计时通常都是基于标准典型循环工况，并根据典型循环工况进行控制参数的优化计算，确定最佳的控制参数，这种情况下基于标准工况优化的控制参数无法适应实际行驶工况带来的差异性。事实上，城市工况是多样的，其与标准典型循环工况存在差别，造成实际应用时燃油经济性无法表现出期望的节能效果。特别对于城市公交客车，不同地域、不同时间及不同气候环境下车辆运行工况复杂多样，对能量管理策略的工况适应性和最优性提出了挑战。为了提升能量管理策略工况的适应性和最优性，行驶工况信息的获取尤为重要，相关学者在此领域开展了系列研究，总结来看，根据工况信息的丰富程度，行驶工况的获取及利用方法主要有以下几种，如图1-12所示。

（1）基于典型工况构建的行驶工况信息

工况构建是指基于大量采集的且能够充分反映城市交通状况的原始行驶数据，对其进行统计分析和预处理后，按照一定的规则，运用数学方法，从原始

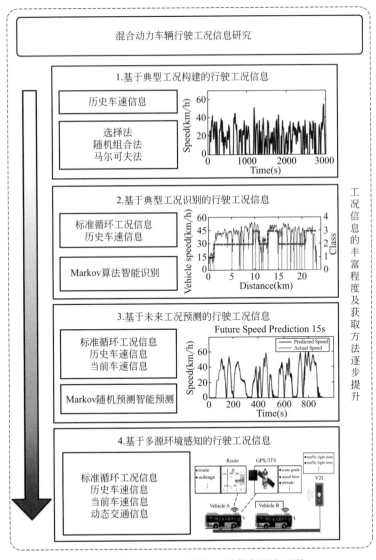

图1-12 混合动力车辆行驶工况信息研究现状

行驶数据中解析出与原始行驶数据具有类似特征的运行工况。典型工况构建方法对于不同地域、不同线路的城市工况获取代表性行驶信息具有良好的应用意义，通过行驶工况构建方法可以针对实际城市工况的特点，获得不同地区、不同线路特征的代表性典型循环工况，从而为设计面向特定地域性、工况适应性好的能量管理策略提供一定的依据。目前构建循环工况的主要方法有：短行程分析法、小波分析法、马尔可夫法和聚类分析法。其中，短行程分析法和马尔可夫法应用较为广泛。北京理工大学的何洪文教授团队提出一种基于马尔可夫链的插电式混合动力客车行驶工况构建方法，与原始工况数据相比，所构建行驶工况相关性可达到 97%；同时，其也考虑固定线路公交客车频繁启停的特点，基于 K-means 聚类算法提出一种站点分段与全局行程的工况构建方法，通过验证得出，基于提出的工况构建方法特征参数误差大多在 5% 以内。

（2）基于典型工况识别的行驶工况信息

典型工况识别是将标准工况划分为工况片段块，提取特征参数，形成工况数据库，通过实时工况数据与标准工况片段的比对，从而确定当前工况类型。常用的工况识别方法有神经网络、模糊规则等。密歇根大学的 Murphey 通过对标准工况历史数据进行分类，基于标准工况数据和实际工况数据作为训练样本，建立神经网络工况识别模型，辨识当前行驶工况类型；美国马里兰大学的 Alireza Khaligh 提出工况自学习的控制策略，基于神经网络算法实现工况识别，降低等效因子对工况的依赖性；美国得克萨斯大学的 Langari 提出自学习向量网络工况辨识方法，基于长期和短期数据对车辆运行环境、驾驶员行为进行估计，进而利用有限数据对行驶工况进行识别；首尔大学的 Soon-il Jeon 通过提取 24 个工况特征参数，基于部分神经网络模型对比当前工况参数与标准参数，从而确定当前工况类型，基于识别的行驶工况类型调整控制策略，以达到预测控制的效果；清华大学的田光宇教授团队针对微行程工况识别准确度不高的问题，提出一种混合的微行程识别方法，即一种基于马尔可夫预测模型和模糊识别的混合识别算法，并在两个方面提高识别精度。

（3）基于未来工况预测的行驶工况信息

根据未来预测工况所使用的数据信息获取方式分为两类：一类是基于外界实时信息的预测，数据信息源于智能交通系统信息或者队列环境下的前车数据；另一类是基于历史信息数据的预测。

基于外界信息的预测，如美国密歇根大学的 Jonssen 提出一种基于前车行驶信息的预测方法，利用前车行驶数据、交通信息预测未来工况；日本名古屋大学的 Yokoi 提出基于固定线路的历史信息和导航系统定位信息，实现基于驾驶模式的预测控制；重庆大学的杨盼盼等人针对车联网单车车速进行研究，通过车联网获取前方路段交通信息，将整个路段上不同交通状态划分成路段，并提取路段与车辆数据，实现短期工况预测。

基于历史信息的工况预测方法，将自身车辆的历史运行工况数据作为预测的依据。福特汽车研究实验室的 I. Kolmanovsky 等人基于行驶工况的随机过程，用马尔可夫链方法来预测未来工况；密歇根大学的 Chan Chiao Lin 等建立了基于需求功率、车速状态的马尔可夫预测模型，通过转移概率矩阵来预测未来的车速和需求功率。

以马尔可夫法为代表的随机预测方法存在预测精度不足，无法有效模拟动态驾驶行为的问题。高阶马尔可夫法虽可提升预测精度，但模型复杂。由于车速预测是一个复杂的非线性空间问题，密歇根大学的 Murphey 通过神经网络回归预测方法来提高预测精度。北京交通大学的张昕教授团队从多种工况提取道路信息和交通流参数，基于历史数据训练神经网络，建立了未来预测工况自学习模型。美国克莱姆森大学的 Chowdhury 研究团队提出一种长短期神经网络预测方法（Long Short-Term Memory Neural Network，LSTM-NN），在进行长期时间序列预测时性能优越，与一般神经网络方法对比验证，该方法在预测精度和稳定性方面均有明显效果。

(4) 基于多源环境感知的行驶工况信息

随着网联化、智能交通和智能网联车辆技术的发展，车辆获取行驶环境信息的方式和途径趋于多样化。智能交通系统和 V2X 技术，可以使车辆交换和共享当前交通状态及车辆运行状态数据。这种数据信息从多源环境进行感知，考虑了交通拥堵状况、道路坡道及实时行驶环境的多维度行驶工况信息。

美国克莱姆森大学的 Vahidi 基于车联网技术，通过车与路通信获取实时数据，应用神经网络实现交通流预测，由路侧设备将预测速度发送至车载单元，为能量管理策略提供实时未来工况信息。同为克莱姆森大学的 Chen Zhang 针对能量管理策略融合道路地形预测信息对经济性的影响进行评估，仿真结果得出有道路地形预测信息的策略在低速巡航时（车速 30mile/h，1mile＝1.609km）改善效果明显，可提升 3%～20%。美国威斯康星大学的 Q. M. Gong 利用智能交通系统、GPS、GIS 提供的实时交通数据，对行驶工况进行建模，提出了两种模型，分别为没有采用工况交通数据建模和采用工况交通数据建模的 DP 策略，采用工况交通数据建模的 DP 策略经济提升大约 18%。美国俄亥俄州大学的 Umit Ozunger 通过智能交通系统提供的交通信息和预测工况信息，建立了基于实时预测优化的能量管理策略，并分析了工况预测误差对策略优化结果的影响，得出合理的预测结果，可以降低误差对 SOC 终止值和燃油经济性的影响。由于当前智能交通以及车联网技术还未广泛推广，因此这类多源环境感知的行驶信息研究相对较少，大多集中在单车多维度的行驶工况信息。

1.3.3 混合动力车辆能量管理策略研究现状

能量管理策略是影响混合动力汽车燃油经济性的核心关键技术。由于车辆行驶工况环境的多样性，且混合动力系统是一个具有时变、多物理域和非线性变量特点的离散动态系统，因此如何设计高效、高适应性的能量管理策略来满足系统复杂性和工况不确定性仍是一种挑战，中外学者研究了更加高效和智能的算法来设计混合动力汽车能量管理策略。目前，混合动力汽车能量管理策略的划分方法较多，并没有严格统一的划分依据和标准。为更加充分说明行驶工况对能量管理策略的影响，本小节按照对行驶工况信息的利用程度，将混合动力车辆能量管理策略划分为四类，包括基于规则、基于优化、基于预测和基于智能的能量管理策略，具体分类如图 1-13 所示。

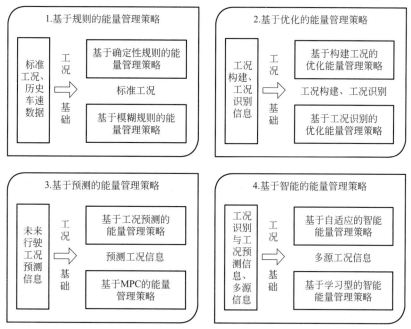

图 1-13 基于工况信息的混合动力车辆能量管理策略

（1）基于标准工况信息的规则型能量管理策略

基于标准工况信息的规则型能量管理策略，以标准工况数据或者历史数据为工况设计依据，根据发动机、电动机的 MAP 制定逻辑门限条件，结合驾驶员踏板开度、电池 SOC、车速等车辆运行参数合理划分混合动力系统工作模式，实现发动机和电动机之间的能量合理分配控制。根据规则产生方法的不同，可分为确定性规则能量管理策略（Rule-based Energy Management Strategy，RB-EMS）和模糊规则能量管理策略。确定性规则能量管理策略，如编者及研究团队针对逻辑门限控制策略无法适应工况变化保证最优性的问题，探索提出一种理论化的标定方法。由于控制规则基于固定门限值，这类策略对于不同构型的系统适应性差。

基于标准工况信息的模糊规则的策略，以经验模糊化定义控制规则，能够提高策略的鲁棒性。但模糊规则依据标准工况信息制定，仍存在工况适应性不足的问题。因此，马来西亚科技大学的 Sabrid 提出模糊控制很难处理多目标优化问题，优化目标为两个以上时就很难建立合理的模糊规则。

可见，基于标准工况信息的规则策略是一种实时能量管理策略，门限规则通常依据专家常识、探索启发、工程经验和动力系统特性而设计，直接决定能量管理策略的控制效果，因具有在线计算量小、易于实现的特点，在工业上得到广泛应用推广。然而，门限规则的制定缺乏数学分析和理论基础，导致很难制定准确。针对特定构型和特定的需求工况需要进行大量的参数调整及标定工作来达到期望的控制效果。因此，基于规则的能量管理策略都是针对标准工况或单一工况制定相应规则，对于车辆动力系统的构型和行驶工况特征依赖性较大，策略的工况适应性差，导致难以实现控制的最优性。为提升能量管理策略的工况适应性并使控制效果最优，越来越多的研究关注到基于工况构建和工况识别信息的优化型能量管理策略。

（2）基于工况构建和工况识别信息的优化型能量管理策略

混合动力系统能量管理优化是有限时域内受约束的优化问题，通过建立系统控制目标函数和约束条件，使用最优控制理论或者优化算法求解目标函数在可行域内的极小值，从而找到混合动力系统能量管理策略的最优结果。基于构建工况的优化能量管理策略和基于工况识别的优化能量管理策略是优化型能量管理策略的两种典型代表。

基于构建工况的优化型能量管理策略，是基于实车历史数据，利用随机数学方法合成具有代表性的固定线路客车行驶工况，通过对构建的合成工况信息开展能量管理策略的全局优化，得到混合动力系统的近似最优结果。如常用的全局优化控制策略包括动态规划 DP 算法、粒子群算法、遗传算法等方法。北京理工大学的何洪文教授团队提出了一种基于实时交通数据的全局行驶工况构建方法，应用于插电式混合动力汽车的在线优化控制，如图 1-14 所示。该策略显著提高了燃料效率，仿真结果相比电量消耗-电量维持（Charge Depleting-Charge Sustaining，CD-CS）策略，经济性提升 19.83%。Guo 等人提出了一种基于全局工况构建的动态规划能量管理策略，与基于规则策略相比，经济性最高提升 17%。可见，基于工况构建信息的优化型能量管理策略，由于全局优化算法可以获得确定行驶工况下混合动力系统的最优结果，为混合动力系统能量管理策略的优化设计提供了参考基准。但是全局优化的开展仅在行驶工况全部已知的情况下进行，而实际中全局工况难以预先确定，这也导致了全局优化控制的工况局限性。

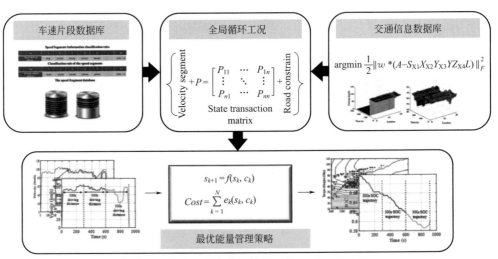

图 1-14　基于工况构建信息的优化能量管理策略

基于工况识别信息的优化型能量管理策略，如基于客车远程控制中心获取公交客车行驶信息。清华大学的李亮教授团队提出一种针对固定公交线路客车的多模式切换逻辑控制策略，通过识别不同工况确定对应不同控制策略，仿真结果得出所提出的策略相比于逻辑规则策略，燃油经济性改善效果显著。美国得克萨斯大学的 Langari 采用典型的行驶循环划分不同的行驶模式，实现了发动机-发电机混合动力汽车和电池能量的优化分配。重庆大学的胡明辉教授团队提出了一种将基于遗传优化 K-means 聚类算法的工况识别与等效能耗最小化策略相结合的能量管理策略，仿真结果表明：相比于规则策略，燃油油耗降低了 6.84%。尽管工况识别方法可以提高控制的鲁棒性和最优性，但该类方法依赖于历史数据的给定标准工况，而实际工况更为复杂，限制识别分类的准确性。

(3) 基于未来工况信息的预测能量管理策略

预测能量管理策略能够在短时间内实现对未来行驶循环的实时预测，通过优化目标函数以得到未来控制输出，实现能量优化分配，具有较好的燃油经济性。预测能量管理策略主要包括基于工况预测信息的能量管理策略和基于 MPC 的能量管理策略。

基于工况预测信息的能量管理策略，主要通过对未来短期工况进行预测，从而指导能量管理策略，实现动力源转矩分配。上海交通大学智能汽车研究所的杨林教授团队提出一种基于工况预测信息的能量管理策略架构，如图 1-15 所示。主要基于行驶工况环境的自学习预测能量管理策略，可以较好地实现 PMP（Pontryagins Minimum Principle）控制适应不同行驶环境的变化。该策略架构的核心包括行驶工况特征参数的统计、K 近邻（K-Nearest Neighbours，K-NN）预测算法对行驶环境的滚动预测、滚动预测和近似最优结合的策略架构。仿真结果得出：该策略实现了对未来工况的预测，燃油经济性有良好的提升。东北大学机械工程与自动化学院的陈泽宇副教授团队开展了工况预测精度对能量管理策略最优性影响的研究，提出了一种在线修正预测的动态粒子群局部优化策略，仿真结果得出：通过提高工况预测精度，能量管理策略的最优性得到提升。基于行驶预测的在线优化能量管理策略优化控制参数，获取对未来行驶周期的先验知识。北京理工大学汽车协同创新中心的孙超副教授及其团队提出了基于车速预测的自适等效燃油消耗最小策略（Adaptive Equivalent Consumption Minimization Strategy，A-ECMS），该策略可以预见驾驶行为变化，并实现等效因子的合理调整，相比于传统的 ECMS 获得更好的燃油经济性。这类能量管理策略中工况预测的精度对控制参数的调整有很大的影响（图 1-15）。另外，如何保证预测时域的控制结果接近全局最优解也是一个重要的问题。

模型预测控制是一种解决多输入、多输出约束系统优化问题的控制方法。基于此，模型预测控制也被成功应用于解决混合动力汽车能量管理优化问题。美国克莱姆森大学的 Ardalan 提出基于模型预测控制优化方法来解决功率分流式混合动力汽车的能量管理问题，仿真结果得出该策略提升了燃油经济性。重庆大学的胡晓松教授团队介绍了一种 MPC 能量管理策略架构，该策略架构主要针对队列自动驾驶 HEV 的决策和节能控制，上层使用 MPC 确定最优车速轨迹以避免红灯怠速，下层使用强化学习优化每个 HEV 的功率分配控制。该实例表明：预测能源管理策略，也可以充分考虑来自其他车辆和基础设施的信息，实现融合多源、多维度行驶工况信息的能量管理策略。针对双模功率分流式混合动力汽车，北京理工大学的项昌乐教授团队提出一种基于分层架构的非线性模

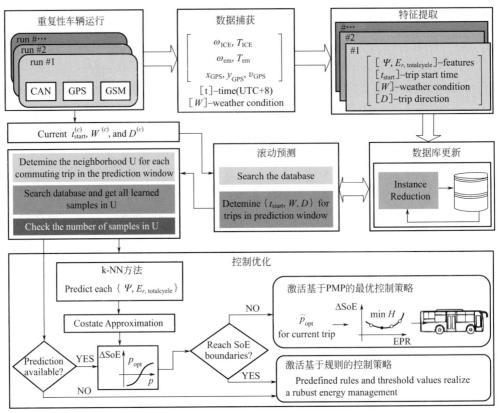

图 1-15 工况预测的能量管理策略

型预测控制策略，该策略采用级联式控制思想，主要包括基于神经网络的预测器、基于 NMPC 的主控制器和从属控制器，如图 1-16 所示。基于离线仿真与台架试验研究，试验结果得出：相比规则策略，经济性提升 10% 左右。

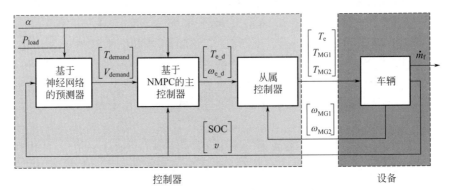

图 1-16 基于 MPC 的能量管理策略

（4）基于多源、多维度工况信息的智能型能量管理策略

近年来，随着网联化和车联网技术的发展，车辆获取信息的方式和途径趋于多样化，这为能量管理策略经济性的优化以及车辆性能的提升开拓了新的研究方向。基于多源、多维度的工况信息采用智能控制的理论和思想，应用相关智能控制技术，如自适应智能、模糊神经网络、智能优化算法、机器学习算法构建能量管理策略，以期提升策略的最优性和适应环境变化的能力。该类能量管理策略是一种较为新型的能量策略，目前相关学者进行了探索研究，但相比于前述的三种能量管理策略仍较少且处于探究阶段。西安理工大学的张风奇及其团队介绍了一种基于多源工况信息的智能能量管理策略架构，该类策略的整体架构如图1-17所示。通过GPS、ITS（V2V/V2I）获取信息，基于多源信息得到最优的经济性车速，将经济型驾驶与能量管理策略集成，该类策略通过融合经济性驾驶建议，使燃油经济性提升9.5%。北京理工大学的孙超介绍了交通信息融合能量管理的概念，并建立融合交通信息的预测能量管理策略，仿真结果得出该策略与全局动态规划算法相比，相差较小，为6.7%。美国密歇根大学的Ozatay提出，车辆通过智能基础设施或联网车辆获得实时数据，智能交通系统（Intelligent Traffic System，ITS）中的交通信息和云计算可以增强混合动力汽车的能量管理，目前的车载设备能够通过无线通信、GPS和地理信息系统获得实时交通状况。这些信息可以通过动态规划算法的计算方法调节在线控制策略。重庆大学的胡晓松教授团队提出跟驰模型节能方案，基于V2V/V2I实现实时信息交互，采用经济型自适应巡航控制来综合考虑两辆车的相互作用，从而实现燃油经济性和安全性。

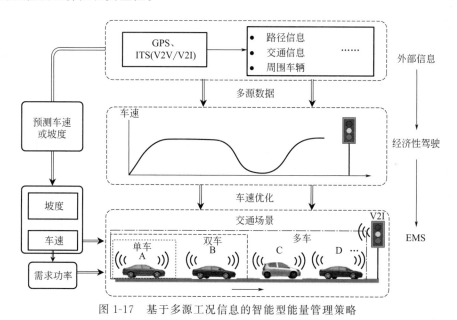

图1-17 基于多源工况信息的智能型能量管理策略

1.4 本章结语

本章介绍了节能与新能源汽车行业的发展概况，作为应对石油资源枯竭、环境污染的解决方案，节能与新能源汽车成为重要的发展战略。其中，混合动力汽车结合了传统燃油汽车和纯电动汽车的双重优点，是当前技术条件下能够显著降低整车全生命周期成本并且满足国家排放法规要求的有效可行方案，也是节能与新能源领域的研究重点。

相比于乘用车,商用车在自身特点和法规约束等方面均具有更迫切的节能减排需求,因此,开发更安全、更高效、更节能、更可靠的混合动力商用车,成为商用车行业发展的共性需求。然而,国内商用车混合动力领域存在较大的优化空间,如何优化地设计及进行能量管理以充分挖掘混合动力系统的节能潜力是当前亟待解决的关键问题。为此,本章首先介绍了混合动力系统构型拓扑的研究现状,并基于构型拓扑研究介绍了对混合动力系统设计参数与控制进行联合优化的研究基础。此外,结合当下车联网信息技术,本章还详细介绍了当前车联网技术与混合动力车辆能量管理策略的研究进展,包括车联网与混合动力车辆节能技术、行驶工况信息利用技术、能量管理控制策略研究三个方面,为后续车联网信息挖掘和智能能量管理策略设计提供了重要研究参考。

第 2 章

混合动力系统优化设计方法

2.1 混合动力系统构型拓扑分析
2.2 混合动力系统内外双层参数优化方法
2.3 优化结果验证与分析
2.4 本章结语

在我国，商用车是节能减排的关键，而本章以占商用车碳排放总量 83.5% 的重型商用车为实例，针对混合动力系统所存在的设计问题，介绍一种优化设计方法。首先，介绍其构型拓扑生成方法，包括构型拓扑生成问题的数学建模，将构型拓扑生成问题描述为约束满足问题，分析并列写完整约束条件，采用回溯法进行搜索求解并对搜索得到的构型拓扑进行筛选分析；其次，确定优化问题的三要素，即设计变量、目标函数、约束条件，描述参数-控制联合优化设计的整体流程以及在 Isight 与 MATLAB 中的具体集成过程、数据流等，通过对问题的分析，针对内、外层优化，分别选择非支配排序遗传算法（Non-dominated Sorting Genetic Algorithm-Ⅱ，NSGAⅡ）与 NLPQL 算法进行迭代寻优；最后，针对优化结果进行分析，分别找出三种构型各设计参数的选择趋势和范围，对三种构型进行成本和节油能力的比较。

2.1　混合动力系统构型拓扑分析

本节对构型拓扑生成问题进行数学建模和求解，包括部件、连接和拓扑的数学表示，将拓扑生成问题表述为约束满足问题，建立合理完整的约束条件，以及采用回溯法搜索求解，得到所有可行构型。最后对搜索得到的构型进行进一步分析，从成本、复杂度等方面考虑筛选出并联 P2、P3 和混联 EVT 系统作为下一步优化设计的构型。

2.1.1　构型拓扑生成

构型拓扑是系统各部件连接关系的组合。构型拓扑生成就是在给定一系列部件后找出所有可行的连接关系组合过程，所谓的可行的连接关系组合是指需要约束来限制其可行性，因此构型拓扑生成是一个约束满足问题（CSP）。

(1) 构型拓扑生成问题的数学表示

一个构型可看作若干个部件连接关系的组合，每一个部件的连接关系包含两个部件的集合。为了方便对不同连接关系进行表示，定义了一个部件库，如表 2-1 所示。该部件库中每一个部件包含三个属性：部件类型编号、同类型部件数量、部件接口数量。其中部件类型编号是指用不同数字代表不同的部件，如在本章中用 1 代表发动机，2 代表电机，3 代表变速器，4 代表行星齿轮机构，5 代表离合器，6 代表制动器，7 代表转矩耦合器，8 代表包含主减速器在内的车体。需要说明的是，这里的转矩耦合器在实际中并不一定有硬件对应，它是一个功能的代表，表示两个转矩的合成作用，如 P2 构型离合器从动轴和电机轴在实际中都和变速器输入轴共轴，但是在拓扑生成问题中离合器和电机都要与转矩耦合器连接，然后由转矩耦合器与变速器连接，如图 2-1 所示，这样做的目的是保证各个部件的一个接口只能与另一个唯一接口连接，便于数学表达和编程。同类型部件数量表示最多采用多少个该类型部件用于构建连接关系并形成组合。例如，发动机同类型部件数量为 1 表示最多只有一个发动机用于组成拓扑，又如电机同类型部件数量为 2 表示最多可以选择 2 个电机建立拓扑，也可以选择 1 个。离合器、制动器和行星排的最大数量都设置为 1 是考虑对于重型商用车驱动系统而言，类似多排的通过离合器与制动器形成多模的构型或者是其他要用到多个离合器、制动器或行星排的系统都是过于复杂的系统，对于重载且成本要求严苛的重型商用车而言意义不大，因此不增加这些部件的数量，以期利用这些有限数量的部件进行搜索，找出几种简单的有效方案即可。部件接口数量表示该部件可以外连的部件数量。如行星齿轮机构可以通过太阳轮、齿圈、行星架三端与其他部件连接，转矩耦合器实现两个动力的汇合并传递给下一个部件，因此这两个部件的接口数量为 3。发动机与电机是动力源，转矩由此输出，因此只有一个接口。制动器是将某一部件的运动锁止，因此只有一个接口。车体接受转矩的输入亦只有一个接口。变速器与离合器都是动力的传递部件，都有一个输入与一个输出共两个接口。如图 2-2 所示为各部件接口示意。

表 2-1 用于拓扑生成的部件库

部件类型	部件类型编号	同类型部件数量/个	部件接口数/个
发动机(Eng)	1	1	1
电机(M)	2	2	1
变速器(GB)	3	1	2
行星齿轮机构(PG)	4	1	3
离合器(CL)	5	1	2
制动器(Brk)	6	1	1
转矩耦合器 Coupler(V_{7i})	7	2	3
车体(Veh)	8	1	1

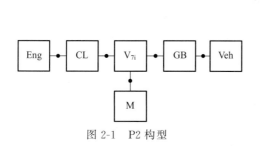

图 2-1 P2 构型

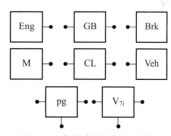

图 2-2 各部件及接口示意

利用上述部件表示方法可以对部件连接关系及构型拓扑进行数学表示。将部件用 V_{ij} 表示，其中 i 代表部件的类型编号，j 代表该类型部件的第 j 个部件，如选择一个电机进行拓扑生成时电机部件表示为 V_{21}，选择两个电机进行拓扑生成时两个电机分别表示为 V_{21}、V_{22}，而 $V_{ij}=1$ 表示选择该部件进行拓扑生成，$V_{ij}=0$ 表示无该部件用于拓扑生成。用 $\{V_{ij},V_{mn}\}$ 表示两个部件的连接关系，如 $\{V_{11},V_{51}\}$ 表示发动机与离合器的连接，$\{V_{11},V_{51}\}=1$ 表示发动机与离合器存在连接，$\{V_{11},V_{51}\}=0$ 表示发动机与离合器不连接。利用这样的部件与连接表示方法表示构型拓扑。如图 2-1 P2 构型所示，该构型由发动机与离合器、离合器与转矩耦合器、转矩耦合器与电机、转矩耦合器与变速器、变速器与车辆五个连接关系组合而成，则其拓扑表示如式（2-1）所示；Prius 行星混联构型如图 2-3 所示，其构型拓扑表示如式（2-2）所示，基于本章定义的部件库，该构型有两个表达式，其中两个电机的编号对换都表示该构型。行星排的三个接口在本章定义中是相同的，并不区分哪个接口是太阳轮、齿圈、行星架。太阳轮、齿圈、行星架具体与哪个部件相连只是这种拓扑关系下的细分拓扑。

$$T=(\{V_{11},V_{51}\},\{V_{51},V_{71}\},\{V_{21},V_{71}\},\{V_{31},V_{71}\},\{V_{31},V_{81}\}) \quad (2\text{-}1)$$

$$\begin{aligned}T=(\{V_{11},V_{41}\},\{V_{41},V_{21}\},\{V_{41},V_{71}\},\{V_{71},V_{22}\},\{V_{71},V_{81}\})\\ T=(\{V_{11},V_{41}\},\{V_{41},V_{22}\},\{V_{41},V_{71}\},\{V_{71},V_{21}\},\{V_{71},V_{81}\})\end{aligned} \quad (2\text{-}2)$$

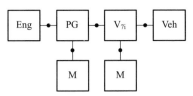

图 2-3 Prius 行星混动构型

（2）约束满足问题

将混合动力系统的拓扑生成问题 $T=(\{V_{11},V_{51}\},\{V_{51},V_{71}\},\{V_{21},V_{71}\},\{V_{31},V_{71}\}\{V_{31},V_{81}\})$ 描述为约束满足问题（CSP）。约束满足问题通常表述为 $\langle X,D,C\rangle$。其中 X 为要求解的变量集，$X=\{X_1;X_2;\cdots;X_n\}$，n 为变量的数量；D 为每个变量的取值范围，$D=\{D(X_1),D(X_2),\cdots,D(X_n)\}$；$C$ 为各变量的约束集合，$C=\{C_1,C_2,\cdots,C_e\}$，e 为约束条件的数量。约束满足问题就是找出所有满足约束条件的变量集合。以经典 4 皇后问题对约束满足问题的建立和求解进行进一步说明。N 皇后问题是将 N 个皇后放入 $N\times N$ 的方格中的任意 N 个格子，为了保证皇后间不发生冲突，给出如下约束：任意两个皇后不能处在同一列、同一行或构成对角关系。将 4 皇后问题以 CSP 问题的形式表述，由于任意两个皇后不能处在同一行，因此每行必须有且只有一个皇后，可设 $X=\{X_1;X_2;X_3;X_4\}$，其中 X_i 表示第 i 行皇后所处的列数，则四个变量的取值范围均为 $D=\{1,2,3,4\}$。为了保证任意两个皇后不在同一列或构成对角关系，则任意两变量 $X_i\neq X_j$，且 $|X_i-X_j|\neq|i-j|$。

对于这样的约束满足问题，当前并没有什么高效快速的方法能够很快求出所有可行解集，因此常采用搜索算法进行搜索，各类搜索算法的本质是改进的穷举法。4 皇后问题的回溯搜索过程如图 2-4 所示。首先对 X_1 尝试可能值，当 X_1 取 1 时由于没有违背相应约束，因此进入下一层对第二层皇后的位置进行赋值，为了保证皇后间不发生冲突，则 X_2 的取值可以是 3 和 4，于是首先尝试 X_2 取 3，不违背约束则进入第三层为第三层皇后的位置 X_3 赋值，但无论 X_3 取 1~4 中的哪个值都会与已经确定位置的第一、二层皇后发生冲突，因此判断这条赋值路线行不通，回溯到第二层尝试 X_2 的其他可行解，当 X_2 取值为 4 时，则 X_3 为了满足约束条件只能取 2，进入第四层为第四个皇后的位置 X_4 赋值，但是 X_4 没有满足约束的解，于是回溯到第三层尝试 X_3 的其他可行解，由

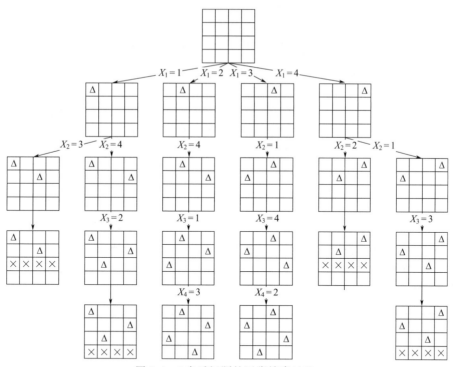

图 2-4 4皇后问题的回溯搜索过程

于 X_3 已经尝试了所有可行解,没有其他可行解,则再向上回溯到第二层尝试 X_2 的其他可行解,X_2 的两个可行解已经遍历完毕,再向上回溯到第一层尝试 X_1 的其他可行解,X_1 的可行解还有 2、3、4,于是将 X_1 赋值为 2 进入下一层对 X_2 赋值,为了满足约束条件则 X_2 只能取 4,进入第三层对 X_3 进行赋值,为了满足约束条件 X_3 只能取 1,进入第四层对 X_4 进行赋值,为了满足约束条件 X_4 只能取 3,至此找到了一个可行解输出,然后返回上一层继续尝试上一层其他可行解。由于 X_3 和 X_2 都只有一个可行解,于是两次回溯到达第一层尝试 X_1 的下一个可行解,将 3 赋值给 X_1,并进入下一层继续判断,找到部分可行解则再进行下一层,搜不到部分可行解或找到一个完整解则回溯到上一层尝试其他可行解。如此这般,直到把最顶层的所有可行取值遍历完毕,则整个回溯遍历过程结束。对于 4 皇后问题,最后将找到两个可行解,分别为 $\{2;4;1;3\}$ 与 $\{3;1;4;2\}$。

将拓扑生成问题描述为 CSP 问题需要确定变量集 X,明确变量的取值范围 D 以及确定约束条件。由于构型拓扑是由若干连接关系构成的组合,则可令 $X=\{E_1;E_2;\cdots;E_n\}$,其中变量 E_i 即代表一个连接关系,n 为构成拓扑所需要的连接关系的数量,则一个变量集 X 就代表一种构型。如以传统车的构型生成为例,给定部件库为 V_{11}、V_{31}、V_{51}、V_{81},则在进行拓扑构型搜索时首先确定连接数,由于部件 1、3、5、8 的接口数分别为 1、2、2、1,因此需要找到的连接数即解集 X 的维数为 $(1\times1+2\times1+2\times1+1\times1)/2=3$,即要确定 3 个连接。每一个连接的取值范围为由 4 个部件中任取两个部件的所有组合,即

$$D=(\{V_{11},V_{31}\},\{V_{11},V_{51}\},\{V_{11},V_{81}\},\{V_{31},V_{51}\},\{V_{31},V_{81}\},\{V_{51},V_{81}\}) \quad (2\text{-}3)$$

类似地，可以画出利用回溯思想进行搜索的树形图，如图2-5所示。对于这个只用四个部件构成拓扑的拓扑生成问题约束条件为：①发动机与车辆不能直接相连；②不能构成局部封闭连接，如离合器与变速器两端相连，发动机、离合器、车辆不能形成封闭连接，发动机、变速器、车辆不能形成封闭连接。当部件数较多时只有确定完整的约束条件才能避免生成不合理的解。

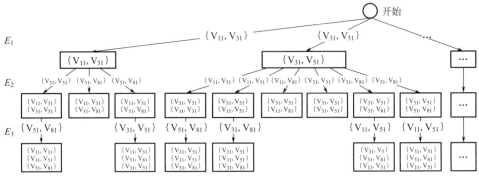

图2-5 构型拓扑回溯法搜索树形图

(3) 约束表示

根据前述描述可以知道拓扑生成问题的CSP描述中要求解的变量集就是拓扑，变量集中的每一个变量都代表一对部件的连接，变量的数量就是构成拓扑所需要的连接的数量，变量的取值范围就是从组件库中任取两个部件所能构成的所有连接的集合。下一步就是要确定合理的约束条件以找到可行的变量集。约束条件必须有序完整地给出才能保证搜索出的结果都是合理的，否则会产生大量不合理解，给后处理过程带来大量的二次筛选工作。例如，荷兰埃因霍芬理工大学的Emilia Silvas教授研究团队虽对约束条件进行了较为详细地罗列，但完整度仍有欠缺，最终导致生成的4000多种构型中很多构型在连接关系上存在冗余和不合理性。因此，本章节接下来将系统完整地给出拓扑生成CSP问题的约束，以保证最后搜索到合理解集而避免出现大量不合理拓扑。

约束条件可分为部件组合约束和部件连接约束。其中部件组合约束是从表2-1部件基础库中选择相应的部件构成组合用于形成拓扑，部件连接约束用于对构成连接的两部件组合进行限制。部件组合约束主要考虑以下几点：①为了保证构成混动构型，部件组合中必须要有发动机部件、电机部件、车体部件，即 $V_{11}+V_{21}+V_{81}=3$；②为了保证发动机和车体能够解耦，部件组合中必要包含离合器或行星排部件，为了利用尽量少的部件构成有效构型以降低重型商用车驱动系统成本和复杂度，规定组件库中离合器或行星排只能有其一个，即 $V_{41}+V_{51}=1$；③当部件组合中存在行星齿轮机构时，组件库中必须包含两个电机，这是因为行星齿轮机构是一个功率分流部件，若只有一个电机时发动机通过行星齿轮传递至电机的电能无法被再用于驱动；④为了满足重型商用车大转矩的需求，需要组件库中必须包含变速器，即 $V_{31}=1$；⑤当组件库中有制动器时必须包含耦合器和行星齿轮机构,即 $V_{61}+V_{41}+V_{71}=3$(当 $V_{61}=1$ 时),这是因为制动器与发动机、电机、行星齿轮、离合器、变速器、车体的直接连接都没有意义,它的唯一合理作用就是能够适时地通过锁死行星齿轮一端使行星齿轮能够形成固定速比传动机构,但制动器又不能与行星齿轮机构直接相连,否则当制动器不锁止时行星齿轮机构与制动器连接一端没有转矩行星齿轮,不能传递动力,因此其作用只能形成如图 2-6 所示的机构,这种机构的典型应用是对功率分流系统的改进,以 Prius EVT 系统为代表的输入分配式系统在高速时容易越过机械点形成功率逆流的低效驱动状态,通过锁止 MG1 使发动机能够直接驱动的效率要比功率逆流时更高;⑥部件库总接口数应为偶数,以保证连接数为整数。

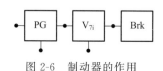

图 2-6 制动器的作用

部件连接约束主要考虑两部件连接的合理性以及不能形成局部封闭连接,下面按照形成不合理连接方式可能的部件数量对连接约束进行逐一有序地给出。

① 两部件连接约束。

a. 发动机连接约束。

ⓐ 发动机与电机不形成连接,否则寻得的构型为串联式构型,串联式构型并不适用于本章的研究对象即重型商用车:$\{V_{11},V_{21}\}+\{V_{11},V_{22}\}=0$。

ⓑ 发动机与变速器不形成连接:若发动机与变速器相连,则寻得的拓扑往往需要在变速器输出端到车体间加入离合器或行星排,以保证发动机能与地面断开连接,但这样的构型需要离合器或行星排传递的转矩非常大,因此不允许这样的连接,即 $\{V_{11},V_{31}\}=0$。

ⓒ 发动机与行星排可形成连接:$\{V_{11},V_{31}\}\geqslant 0$。

ⓓ 发动机与离合器可形成连接:$\{V_{11},V_{51}\}\geqslant 0$。

ⓔ 发动机与制动器不形成连接:$\{V_{11},V_{61}\}=0$。

ⓕ 发动机与耦合器可形成连接:$\{V_{11},V_{71}\}\geqslant 0$。

ⓖ 发动机与车辆不形成连接:$\{V_{11},V_{81}\}=0$。

b. 电机连接约束。

ⓐ 两电机不形成连接:$\{V_{21},V_{22}\}=0$。

ⓑ 电机与变速器不形成连接:电机若与变速器直接相连,则变速器只能对电机进行减速增扭,导致发动机动力要在变速器输出端至车体之间输入,其转速范围较低,难以与发动机的转速范围匹配,因此不允许电机与变速器直接连接:$\{V_{21},V_{31}\}+\{V_{22},V_{31}\}=0$。

ⓒ 电机与行星排可形成连接:$\{V_{21},V_{31}\}+\{V_{22},V_{31}\}\geqslant 0$。

ⓓ 电机与离合器不形成连接:$\{V_{21},V_{51}\}+\{V_{22},V_{51}\}=0$。

ⓔ 电机与制动器不形成连接:$\{V_{21},V_{61}\}+\{V_{22},V_{61}\}=0$。

ⓕ 电机与车辆不形成连接:$\{V_{21},V_{81}\}+\{V_{22},V_{81}\}=0$。

c. 变速器连接约束。

ⓐ 变速器与行星排不形成如图 2-7 所示局部封闭连接组合：$\sum\{V_{31}, V_{41}\} \leqslant 1$。

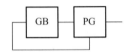

图 2-7 变速器与行星排局部封闭连接组合

ⓑ 变速器与离合器不形成如图 2-8 所示局部封闭连接组合：$\sum\{V_{31}, V_{51}\} \leqslant 1$。

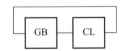

图 2-8 变速器与离合器局部封闭连接组合

ⓒ 变速器与制动器不形成连接：$\{V_{31}, V_{61}\} = 0$。

ⓓ 变速器与转矩耦合器不形成如图 2-9 所示局部封闭连接组合：$\sum\{V_{31}, V_{7i}\} \leqslant 1$。

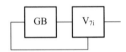

图 2-9 变速器与转矩耦合器局部封闭连接组合

ⓔ 变速器与车辆可形成连接：$\{V_{31}, V_{81}\} \geqslant 0$。

d. 行星排连接约束。

ⓐ 行星排与离合器不形成连接：$\{V_{41}, V_{51}\} = 0$。

ⓑ 行星排与制动器不形成连接：$\{V_{41}, V_{61}\} = 0$。

ⓒ 行星排与转矩耦合器不形成如图 2-10 所示局部封闭连接组合：$\sum\{V_{41}, V_{71}\} \leqslant 1, \sum\{V_{41}, V_{72}\} \leqslant 1$。

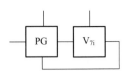

图 2-10 行星排与转矩耦合器局部封闭连接组合

ⓓ 行星排与车辆不形成连接：$\{V_{41}, V_{81}\} = 0$。

e. 离合器连接约束。

ⓐ 离合器与制动器不形成连接：$\{V_{51}, V_{61}\} = 0$。

ⓑ 离合器与转矩耦合器不形成如图 2-11 所示局部封闭连接组合：$\sum\{V_{51},$

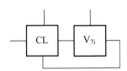

图 2-11 离合器与转矩耦合器局部封闭连接组合

$V_{71}\}\leqslant 1, \sum\{V_{51}, V_{72}\}\leqslant 1$。

ⓒ 离合器与车辆不形成连接：$\{V_{51}, V_{81}\}=0$。

f. 制动器连接约束。

ⓐ 制动器与转矩耦合器连接时，该转矩耦合器另外两端其中一端连接行星排，另外一端连接发动机或电机：$\{V_{61}, V_{7i}\}+\{V_{41}, V_{7i}\}+\{V_{11}, V_{7i}\}=3$ 或 $\{V_{61}, V_{7i}\}+\{V_{41}, V_{7i}\}+\{V_{2k}, V_{7i}\}=3$（当 $V_{61}=1$ 时）。

ⓑ 制动器与车辆不可形成连接：$\{V_{61}, V_{81}\}=0$。

g. 转矩耦合器连接约束。

ⓐ 两个转矩耦合器不相连：$\{V_{71}, V_{72}\}=0$；

ⓑ 转矩耦合器可与车辆连接：$\{V_{7i}, V_{81}\}\geqslant 0$。

② 三部件连接约束。

ⓐ 2M+Coupler：两个电机不能与一个转矩耦合器相连如图 2-12 所示，这是一种冗余连接，因为两个电机可以用一个电机替代，$\{V_{21}, V_{7i}\}+\{V_{22}, V_{7i}\}\leqslant 1$。

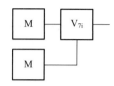

图 2-12 两个电机不能与一个转矩耦合器相连

ⓑ 2M+PG：两个电机不同时与行星排构成连接如图 2-13 所示，$\{V_{21}, V_{41}\}+\{V_{22}, V_{41}\}\leqslant 1$；

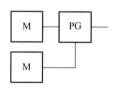

图 2-13 两个电机不同时与行星排构成连接

ⓒ GB+Coupler+PG：变速器、转矩耦合器、行星排三部件不构成如图 2-14 所示的局部封闭连接组合，$\{V_{31}, V_{41}\}+\{V_{31}, V_{7i}\}+\{V_{41}, V_{7i}\}<3$。

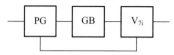

图 2-14 变速器、转矩耦合器、行星排不构成局部封闭连接组合

ⓓ GB+Coupler+CL：变速器、离合器、转矩耦合器三部件不构成如图 2-15 所示的局部封闭连接组合，$\{V_{31}, V_{51}\}+\{V_{31}, V_{7i}\}+\{V_{51}, V_{7i}\}<3$。

图 2-15 变速器、离合器、转矩耦合器不构成局部封闭连接组合

ⓔ GB+PG+CL：变速器、行星排、离合器三部件不构成如图 2-16 所示的局部封闭连接组合，$\{V_{31},V_{41}\}+\{V_{31},V_{51}\}+\{V_{41},V_{51}\}<3$。

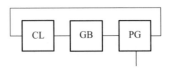

图 2-16　变速器、行星排、离合器不构成局部封闭连接组合

ⓕ PG+Coupler+CL：行星排、离合器、转矩耦合器三部件不构成如图 2-17 所示的局部封连接组合，$\{V_{41},V_{51}\}+\{V_{41},V_{7i}\}+\{V_{51},V_{7i}\}<3$。

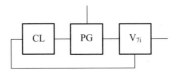

图 2-17　行星排、离合器、转矩耦合器不构成局部封闭连接组合

ⓖ Eng+Coupler+Vehicle：发动机和车体不与同一个转矩耦合器相连如图 2-18 所示，$\{V_{11},V_{7i}\}+\{V_{7i},V_{81}\}<2$。

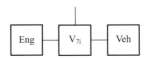

图 2-18　发动机和车体不与同一个转矩耦合器相连

ⓗ Eng+M+Coupler：发动机和电机与同一个转矩耦合器连接时该耦合器的第三个接口只能连变速器或离合器，如图 2-19 所示，$\{V_{31},V_{7i}\}=1$ 或 $\{V_{51},V_{7i}\}=1$（当 $\{V_{11},V_{7i}\}+\{V_{2i},V_{7i}\}=2$ 时）。

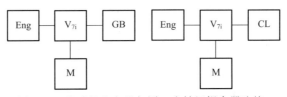

图 2-19　发动机和电机与同一个转矩耦合器连接

③ 四部件连接约束。

a. GB+Coupler+PG+CL：变速器、转矩耦合器、行星排、离合器不能构成如图 2-20 所示局部封闭连接组合，$\{V_{31},V_{41}\}+\{V_{31},V_{51}\}+\{V_{51},V_{7i}\}+$

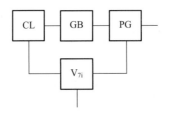

图 2-20　变速器、转矩耦合器、行星排、离合器局部封闭连接组合

$\{V_{41}, V_{7i}\} \neq 4$。

b. GB+2Coupler+CL：变速器、两个转矩耦合器、行星排不能构成如图 2-21 所示局部封闭连接组合，$\{V_{31}, V_{71}\} + \{V_{31}, V_{72}\} + \{V_{41}, V_{71}\} + \{V_{41}, V_{72}\} \neq 4$。

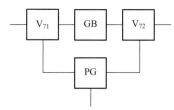

图 2-21 变速器、两个转矩耦合器、行星排局部封闭连接组合

④ 五部件连接约束。

GB+2Coupler+PG+CL：变速器、两个耦合器、行星排、离合器不能形成如图 2-22 所示局部封闭连接组合，$\{V_{31}, V_{51}\} + \{V_{31}, V_{7i}\} + \{V_{41}, V_{7i}\} + \{V_{41}, V_{7j}\} + \{V_{51}, V_{7j}\} \neq 5$。

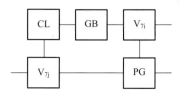

图 2-22 变速器、两个转矩耦合器、行星排、离合器局部封闭连接组合

(4) 回溯算法

在对拓扑生成问题进行数学建模后利用回溯算法进行搜索求解。回溯法是对穷举搜索法的改进。实际问题中有许多问题目前没有十分有效的算法，如经典的 N 皇后问题、TSP（Traveling Salesman Problem）问题、0-1 背包问题等，只能通过穷举搜索来得到，为了尽量减少搜索空间，出现了许多基于穷举搜索的改进搜索方法，回溯法（Backtracking）就是一种有组织的系统化搜索技术。其与穷举搜索法的不同在于，穷举搜索法首先生成问题的所有可能解，然后去评估每一个解是否满足约束条件，而回溯法每次只构造可能解的一部分，评估这个部分解，若部分解满足约束则进一步构造，否则就不必再基于这个部分解进一步构造了，进而大大节约了计算量，有效提高了搜索速度。回溯算法的编程框架有递归回溯和迭代回溯，而迭代回溯相对更容易编程实现，故选迭代回溯法进行编程，迭代回溯法的基本框架如图 2-23 所示。基于上述算法架构可在 MATLAB 中进行编程，求解拓扑生成问题。

2.1.2 生成结果与分析

首先由表 2-1 中选择一定数量的部件用于拓扑生成，如图 2-24 所示，部件数不同，对应多种选择方式，但经过部件组合约束筛选后只有少数几种部件组合可用于进一步的拓扑生成。如当选择 6 个部件用于组成拓扑时，满足部件组

```
算法backtrackiter
输入：集合x₁,x₂,…,xₙ的清楚的或隐含的描述
输出：所有解(x₁,x₂,…,xₙ)。若无解，则输出 "No solution"
flag = false //用flag标记问题是否有解
k = 1
x₁ = X₁中的第一个元素的前一个元素
while k >= 1
    while X₁未被穷举
        xₖ = Xₖ中的下一个元素
        if(x₁,x₂,…,xₖ)满足解的约束条件 then
            if k = n then //找到一个解
                flag = true; output(x₁,x₂,…,xₙ) //输出当前找到的解
            else // (x₁,x₂,…,xₖ)是部分解
                k = k+1;
                xₖ = Xₖ中第一个元素的前一个元素
            else if
        end if //否则，剪枝
    end while
    k = k-1 //回溯
end while
if not flag then "no solution" //输出无解
```

图 2-23 迭代回溯算法的基本框架

	1	2	3	4
	'部件数 = 6'	113×6 double	53×6 double	2×6 double
	'部件数 = 7'	70×7 double	34×7 double	[1,2,3,4,7,8]
	'部件数 = 8'	30×8 double	18×8 double	[1,2,3,5,7,7,8]
	'部件数 = 9'	8×9 double	2×9 double	[1,2,3,4,6,7,7,8]
	'部件数 = 10'	[1,2,3,4,5,6,7,7,8]	[1,2,2,3,4,5,6,7,8]	[ ]
	'部件数'	'所有部件组合'	'连接数为整数的部件组合'	'部件组合约束筛选后的部件组合'

图 2-24 满足部件组合约束的部件组合

合约束的部件组合只有 [1,2,2,3,5,8] 和 [1,2,3,5,7,8]，当选择 7 个部件用于组成拓扑时，满足部件组合约束的部件组合只有 [1,2,2,3,4,7,8]。进一步地，对各部件组合进行拓扑连接关系生成，下面按照部件数的不同分别介绍。

(1) 部件数＝6

部件组合 [1,2,2,3,5,8] 没有满足约束的可行解。部件组合 [1,2,3,5,7,8] 求解得到三种拓扑如图 2-25 所示，对应拓扑的构型图如图 2-26 所示。可以看到，搜索得到的构型分别为电机耦合在变速器后、离合器与变速器之间和离合器前，这分别代表着单电机 P3、P2、P0/P1 构型。

	1
1	{11,51}{21,71}{31,51}{31,71}{71,81}
2	{11,51}{21,71}{31,71}{31,81}{51,71}
3	{11,71}{21,71}{31,51}{31,81}{51,71}

图 2-25 部件数＝6 对应的拓扑

(2) 部件数＝7

部件数＝7 对应的拓扑如图 2-27 所示，对应拓扑的构型图如图 2-28 所示，可以看到得到的构型是 EVT＋变速器构型，其中驱动电机 MG2 既可以耦合在

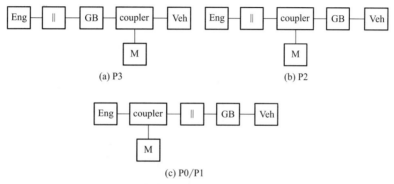

Eng
||
GB
coupler
Veh
M
(a) P3
Eng
||
coupler
GB
Veh
M
(b) P2
Eng
coupler
||
GB
Veh
M
(c) P0/P1
图 2-26　部件数=6 对应拓扑的构型图

变速器前，也可以耦合在变速器后。这里并不具体讨论行星排三端与发动机、电机的连接方式，而是以类似 Prius 功率分流系统的连接方式(发动机连接行星架，主发电机 MG1 连接太阳轮）进行讨论。对于电机耦合到变速器后的 EVT 系统，考虑发动机由行星架输入经过行星齿轮到齿圈的转矩本身成比例减小，因此电机耦合在变速器后相比电机耦合在变速器前动力不足，且电机耦合在变速器后也无法对电机进行调速，因此电机耦合在变速器后的 EVT 方案相比电机耦合在变速器前的 EVT 方案没有明显优势。

	1
1	{11, 41}{21, 41}{22, 71}{31, 41}{31, 71}{71, 81}
2	{11, 41}{21, 41}{22, 71}{31, 71}{31, 81}{41, 71}
3	{11, 41}{21, 71}{22, 41}{31, 41}{31, 71}{71, 81}
4	{11, 41}{21, 71}{22, 41}{31, 71}{31, 81}{41, 71}

图 2-27　部件数=7 对应的拓扑

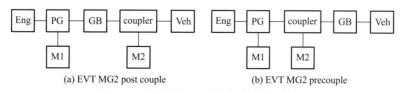

Eng
PG
GB
coupler
Veh
M1
M2
(a) EVT MG2 post couple
Eng
PG
coupler
GB
Veh
M1
M2
(b) EVT MG2 precouple
图 2-28　部件数=7 对应拓扑的构型图

(3) 部件数=8

部件数=8 对应的拓扑如图 2-29 所示，对应拓扑构型图如图 2-30 所示。可以看到搜索得到的构型是双电机并联构型和串并联构型，图 2-30(a)～(c) 分别对应 P2+P3、P1/P0+P3、P1/P0+P2 构型，其中 P1/P0+P3、P1/P0+P2 也可以称为串并联构型。而图 2-30(d) 构型是将离合器放在变速器之后，这种构型虽然在连接关系上满足约束，但实际要求离合器转矩容量过大、在实际应用中是不可行的。对于图 2-30(a)～(c) 所述的三种双电机构型相比单电机并联系统都增加一个电机，其优势是可以双电机驱动，但是要考虑到重型商用车双电机驱动的动力需求完全可以依靠发动机＋单电机来满足，且双电机驱动对电池的功率和能量要求又要增大，这相比 EVT 双电机系统对电池的需求要大得多，因为 EVT 系统可以依靠主发电机来发电。因此从驱动需求和成本考虑双电机驱动的方案没有很强的必要性。双电机的另一个好处是可以依靠两个电机进行动力回收，但这对电池的功率等级和容量要求同样很高，综合考虑这几种构型在重型商用车上应用成本高而不宜采用。

	1
1	{11, 51}{21, 71}{22, 72}{31, 71}{31, 72}{51, 71}{72, 81}
2	{11, 51}{21, 71}{22, 72}{31, 71}{31, 72}{51, 72}{71, 81}
3	{11, 51}{21, 72}{22, 71}{31, 71}{31, 72}{51, 71}{72, 81}
4	{11, 51}{21, 72}{22, 71}{31, 71}{31, 72}{51, 72}{71, 81}
5	{11, 71}{21, 71}{22, 72}{31, 51}{31, 71}{51, 72}{72, 81}
6	{11, 71}{21, 71}{22, 72}{31, 51}{31, 72}{51, 71}{72, 81}
7	{11, 71}{21, 72}{22, 71}{31, 51}{31, 71}{51, 72}{72, 81}
8	{11, 71}{21, 72}{22, 71}{31, 51}{31, 72}{51, 71}{72, 81}
9	{11, 72}{21, 71}{22, 72}{31, 51}{31, 71}{51, 71}{71, 81}
10	{11, 72}{21, 71}{22, 72}{31, 51}{31, 72}{51, 71}{71, 81}
11	{11, 72}{21, 72}{22, 71}{31, 51}{31, 71}{51, 72}{71, 81}
12	{11, 72}{21, 72}{22, 71}{31, 51}{31, 72}{51, 71}{71, 81}

图 2-29　件数＝8 对应的拓扑

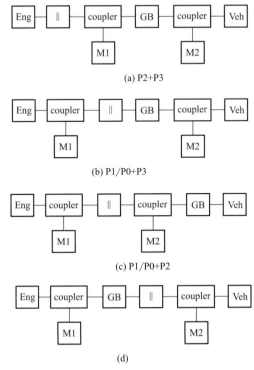

图 2-30　件数＝8 对应拓扑的构型图

（4）部件数＝9

部件数＝9对应的拓扑如图2-31所示，对应拓扑的构型图如图2-32所示。可以看到搜索得到的构型是EVT构型与制动器的结合。图2-31(a)、(b) 两种构型中制动器的作用是可以锁死一个电机使行星排变成固定速比机构，图2-31(c)、(d) 两种构型中制动器的作用是制动器可以锁住发动机端，使行星排可以对一个电机变速变扭，与另一个电机可以实现两个电机同时驱动功能。对于图2-31(a)、(b) 两种构型方案，利用制动器锁止太阳轮可以实现发动机直驱的功能，但是使EVT系统更加复杂。对于图2-31(c)、(d) 两种构型，利用制动器锁止发动机端使两个电机共同驱动的缺点与双电机并联类似。总体来看这四种构型是成本和系统复杂度很高的方案，均不适合重型商用车的实际应用。

综上，搜索得到的构型主要可以分为单电机并联系统、EVT＋变速器系统、双电机并联系统与串并联系统、EVT＋变速器＋制动器系统。从成本、可实现功能的实用性、系统复杂度综合考量，双电机并联和EVT＋变速器＋制动器系统不作为优先考虑对象。P2、P3两种构型作为单电机耦合在变速器前和单电机耦合在变速器后的典型方案相比，P0、P1有更强的节油能力。而EVT＋变速器作为相对复杂的一种方案，其可实现的电动无级变速功能在重型商用车上能否带来更大的节油效果需进一步深入研究。

故在本章后续针对重型商用车研究对象进行优化设计的过程中，选择P2、P3、EVT＋变速器（MG2耦合在变速器前）三种构型进行优化设计。

1	{11,41}{21,41}{22,71}{31,71}{31,72}{41,71}{61,72}{72,81}
2	{11,41}{21,41}{22,71}{31,71}{31,72}{41,72}{61,71}{72,81}
3	{11,41}{21,41}{22,71}{31,71}{31,72}{41,72}{61,72}{71,81}
4	{11,41}{21,41}{22,72}{31,71}{31,72}{41,71}{61,72}{72,81}
5	{11,41}{21,41}{22,72}{31,71}{31,72}{41,71}{61,72}{71,81}
6	{11,41}{21,41}{22,72}{31,71}{31,72}{41,72}{61,71}{71,81}
7	{11,41}{21,71}{22,41}{31,71}{31,72}{41,71}{61,72}{72,81}
8	{11,41}{21,71}{22,41}{31,71}{31,72}{41,72}{61,71}{72,81}
9	{11,41}{21,71}{22,41}{31,71}{31,72}{41,72}{61,72}{71,81}
10	{11,41}{21,71}{22,72}{31,41}{31,71}{41,72}{61,71}{72,81}
11	{11,41}{21,71}{22,72}{31,41}{31,71}{41,72}{61,72}{71,81}
12	{11,41}{21,71}{22,72}{31,41}{31,72}{41,71}{61,71}{72,81}
13	{11,41}{21,71}{22,72}{31,41}{31,72}{41,71}{61,72}{71,81}
14	{11,41}{21,71}{22,72}{31,71}{31,81}{41,71}{41,72}{61,72}
15	{11,41}{21,71}{22,72}{31,72}{31,81}{41,71}{41,72}{61,71}
16	{11,41}{21,72}{22,41}{31,71}{31,72}{41,71}{61,72}{72,81}
17	{11,41}{21,72}{22,41}{31,71}{31,72}{41,72}{61,71}{71,81}
18	{11,41}{21,72}{22,41}{31,71}{31,72}{41,72}{61,71}{72,81}
19	{11,41}{21,72}{22,71}{31,41}{31,71}{41,72}{61,71}{72,81}
20	{11,41}{21,72}{22,71}{31,41}{31,71}{41,72}{61,72}{71,81}
21	{11,41}{21,72}{22,71}{31,41}{31,72}{41,71}{61,72}{72,81}
22	{11,41}{21,72}{22,71}{31,41}{31,72}{41,71}{61,72}{71,81}

图 2-31

23	{11, 41}{21, 72}{22, 71}{31, 71}{31, 81}{41, 71}{41, 72}{61, 72}
24	{11, 41}{21, 72}{22, 71}{31, 72}{31, 81}{41, 71}{41, 72}{61, 71}
25	{11, 71}{21, 41}{22, 71}{31, 41}{31, 71}{41, 72}{61, 72}{72, 81}
26	{11, 71}{21, 41}{22, 72}{31, 41}{31, 71}{41, 72}{61, 71}{72, 81}
27	{11, 71}{21, 41}{22, 72}{31, 41}{31, 72}{41, 71}{61, 71}{72, 81}
28	{11, 71}{21, 41}{22, 72}{31, 71}{31, 81}{41, 71}{41, 72}{61, 72}
29	{11, 71}{21, 41}{22, 72}{31, 72}{31, 81}{41, 71}{41, 72}{61, 71}
30	{11, 71}{21, 71}{22, 41}{31, 41}{31, 71}{41, 72}{61, 72}{72, 81}
31	{11, 71}{21, 72}{22, 41}{31, 41}{31, 71}{41, 72}{61, 71}{72, 81}
32	{11, 71}{21, 72}{22, 41}{31, 41}{31, 72}{41, 71}{61, 71}{72, 81}
33	{11, 71}{21, 72}{22, 41}{31, 71}{31, 81}{41, 71}{41, 72}{61, 72}
34	{11, 71}{21, 72}{22, 41}{31, 72}{31, 81}{41, 71}{41, 72}{61, 71}
35	{11, 72}{21, 41}{22, 71}{31, 41}{31, 71}{41, 72}{61, 72}{71, 81}
36	{11, 72}{21, 41}{22, 71}{31, 41}{31, 72}{41, 71}{61, 72}{71, 81}
37	{11, 72}{21, 41}{22, 71}{31, 71}{31, 81}{41, 71}{41, 72}{61, 72}
38	{11, 72}{21, 41}{22, 71}{31, 72}{31, 81}{41, 71}{41, 72}{61, 71}
39	{11, 72}{21, 41}{22, 72}{31, 41}{31, 72}{41, 71}{61, 71}{71, 81}
40	{11, 72}{21, 71}{22, 41}{31, 41}{31, 71}{41, 72}{61, 72}{71, 81}
41	{11, 72}{21, 71}{22, 41}{31, 41}{31, 72}{41, 71}{61, 72}{71, 81}
42	{11, 72}{21, 71}{22, 41}{31, 71}{31, 81}{41, 71}{41, 72}{61, 72}
43	{11, 72}{21, 71}{22, 41}{31, 72}{31, 81}{41, 71}{41, 72}{61, 71}
44	{11, 72}{21, 72}{22, 41}{31, 41}{31, 72}{41, 71}{61, 71}{71, 81}

图 2-31　部件数＝9 对应的拓扑

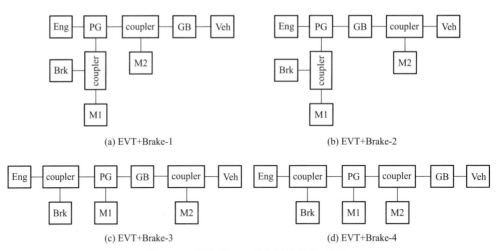

图 2-32　部件数＝9 对应拓扑的构型图

2.2　混合动力系统内外双层参数优化方法

本节根据拓扑分析结果对相应构型实施优化设计，首先确定优化问题的三要素，即设计变量、目标函数、约束条件；然后描述参数-控制联合优化设计的整体流程以及在 Isight 与 MATLAB 中的具体集成过程、数据流等；通过对问题的分析，针对外、内层优化分别选择 NSGA Ⅱ 算法与 NLPQL 算法进行迭代寻优，进而可得到三种构型关于部件成本与燃油成本两个性能指标的 Pareto 解集。

2.2.1 优化三要素的确定

设计变量、目标函数与约束条件是优化设计问题的三要素，是进行优化设计前需要明确的基本内容，下面分别介绍。

(1) 设计变量

设计变量是指在优化设计中用于区分不同设计方案而采取的一组设计参数，它们在优化过程中是可变的。设计变量可分为离散设计变量和连续设计变量。离散设计变量是指在设计过程中只能选用规定值的变量，如发动机型号、齿轮模数、变速器挡位数等。连续设计变量是指在设计过程中取值可连续变化的量，例如 DP 优化设计的电机转矩在时间历程上是连续设计变量。在选择设计变量时，应确保设计变量之间是相互独立的，并尽量用较少的设计变量来阐述不同方案，设计变量的数量直接决定着计算量的大小。重型商用车混合动力系统优化设计问题的设计变量包括外层优化部件参数设计变量和内层优化控制参数设计变量。其中部件参数包括发动机型号、电机基本参数、变速器参数、主减速器参数、行星排特征系数。控制参数设计变量在该混合动力重型商用车的设计过程中可描述为用于控制模式切换的门限值：纯电驱动 SOC 门限 SOC_EV、纯电驱动功率门限 Pow_EV。

关于发动机的大量文献将发动机的最大功率、最大转矩等作为设计变量或作为连续设计变量处理，然后利用一个基准万有特性数据，根据功率或转矩进行线性缩放来模拟不同发动机的油耗特性，但是实际上不同功率、转矩发动机的油耗特性有很大不同，线性缩放的处理显得过于理想化，因此本小节根据已有的 3 款发动机（图 2-33）进行设计，将发动机型号作为离散设计变量，不同型号的模型将加载不同的发动机数据进行计算，以期获得更有实际应用价值的结论。

对于电机，其设计变量为电机最大功率和最大转矩，当前国内外驱动电机市场上大转矩电机一般转速较低。根据调研结果，本章讨论的三种构型所用驱动电机的最高转速设置为 2500r/min，EVT 构型所用主发电机 MG1 最高转速为 6000r/min。这样有了最大转矩、最大功率、最高转速即可构造出电机的外特性与效率特性。对于变速器，其设计变量为变速器速比与挡位数，因此确定变速器的设计变量为最大速比、最小速比与挡位数。由这三个参数按照变速器速比呈等比数列变化的规则即可构造出变速器的所有速比。对于主减速器，其设计变量为主减速比，可以将主减速比归结到变速器速比中作为系统总传动比来优化，因此主减速比与变速器速比两个设计变量不是完全独立的，但是后桥速比是重型商用车动力系统中非常重要的一个参数，而且某些构型如 P3 构型后桥速比的大小直接决定电机的工作转速范围，因此将主减速器速比也作为一个单独

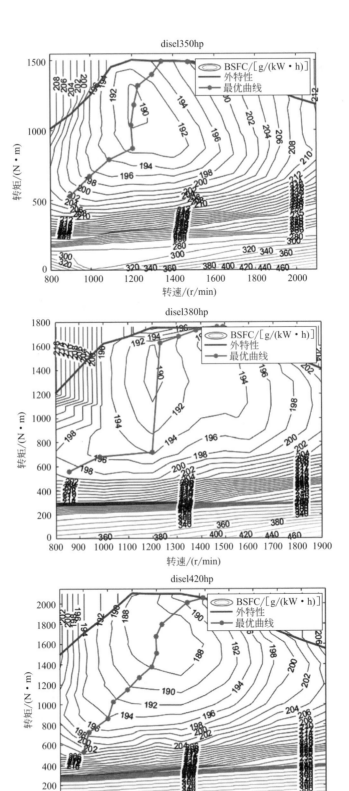

图 2-33　350hp/380hp/420hp 发动机万有特性

1hp＝745.7W，下同

的设计变量。对于EVT系统应用的行星齿轮机构，选择行星排特征系数作为设计变量，该系数决定了行星排三端的转速、转矩关系，决定了系统的功率分流特性。EVT系统中MG1的最大转矩可利用所选型号的发动机最大转矩和行星排特征系数根据式(2-4)计算得到。各构型设计变量汇总如表2-2所示。

$$\begin{cases} T_S = -\dfrac{1}{1+k} T_C \\ T_R = -\dfrac{k}{1+k} T_C \end{cases} \quad (2\text{-}4)$$

式中，T_S为行星排中太阳轮转矩，数值上等于电机MG1的转矩；T_C为行星架的转矩，对应发动机的输入转矩；T_R为齿圈输出转矩。

表 2-2　各构型设计变量汇总

构型	P2、P3	EVT
外层设计变量	发动机型号 Engindex 电机最大转矩 MotorTrqMax 电机最大功率 MotorPowMax 变速器最大速比 GearRatioMax 变速器最小速比 GearRatioMin 变速器挡位数 GearNum 主减速比 FdRatio	发动机型号 Engindex MG2最大转矩 MotorTrqMax MG2最大功率 MotorPowMax MG1最大功率 GeneratorPowMax 变速器最大速比 GearRatioMax 变速器最小速比 GearRatioMin 变速器挡位数 GearNum 主减速比 FdRatio 行星排特征系数 K_PG
内层设计变量	纯电动SOC门限 SOC_EV 纯电动功率门限 Pow_EV	

(2) 目标函数

目标函数是优化设计的性能评价指标，优化设计的目的就是使目标函数最大化或最小化。在工程设计问题中，优化的性能指标可能有多个，如对于混合动力系统来说燃油经济性、动力性、排放、成本等都可以作为目标函数。根据研究问题的性质和目的不同，可以选择单一性能指标作为目标函数，也可以选择多个性能指标作为目标函数。工程中优化问题本质上都是多目标的，但是多目标问题相比单目标的计算量要大得多，因此当所研究的问题各性能指标主次关系很明显时就应该以单目标问题来处理，当各性能指标有明显的矛盾关系且重要性相当时则应该作为多目标问题考虑。针对重型商用车混合动力系统优化设计问题，选择部件成本与车辆运行的燃油成本这两个指标作为目标函数。成本问题是作为运输工具而言的商用车最核心的话题，混动化所带来的动力系统成本增加和混动化节油带来的燃油费用降低是主要矛盾，关系到厂商和用户的经济效益。

部件成本是指包括发动机、电机、电池、变速器在内的各总成成本之和，如式(2-5)所示。不同型号发动机成本如表2-3所示。驱动电机成本主要与电机的功率等级相关，基于已有调研数据取电机价格为83元/kW。电池成本主要与电池能量有关,当前按照 1000 元/(kW·h) 计算。变速器成本主要与其挡位数以及所传递的最大转矩正相关,故将变速器成本表示为挡位数 n_{gb} 和最大输入转矩 Trq_{max} 的函数,如图 2-34 所示。

$$\begin{cases} C_{train} = C_{eng} + C_{in} + C_{bat} + C_{gb} \\ C_{eng} = C_{eng}(\text{Engindex}) \\ C_m = 83 \text{Pow}_{max} \\ C_{bat} = 1000 E_{bat} \\ C_{gb} = \left(\dfrac{n_{gb}}{4}\right)^{0.5} \left(\dfrac{Trq_{max}}{2200}\right)^{0.5} \end{cases} \quad (2\text{-}5)$$

式中,C_{train} 为部件总成本;C_{eng} 为发动机成本;C_m 为电机成本;C_{bat} 为电池成本;Pow_{max} 为电机峰值功率;E_{bat} 为电池满电状态能量;n_{gb} 为变速箱挡位数;Trq_{max} 为变速箱传递的最大转矩。

表 2-3 不同型号发动机成本

发动机型号/hp	350(3)	380(4)	420(5)
价格/万元	4.4	4.85	5.45

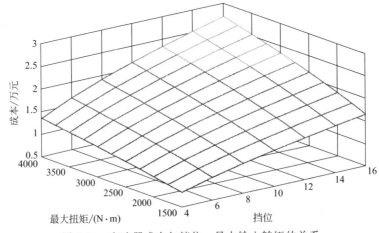

图 2-34 变速器成本与挡位、最大输入转矩的关系

燃油成本是指车辆行驶一年耗费的燃油费用。按照燃油价格 6.5 元/L、省道工况车辆年行驶里程 20 万千米来计算车辆燃油成本。由内层优化计算得到的车辆百公里油耗 $fuel_{100km}$ 可计算车辆燃油成本,如式(2-6)所示。

$$C_{fuel} = 2000 \times 6.5 \times fuel_{100km} \quad (2\text{-}6)$$

(3) 约束条件

优化设计问题不仅要使目标函数最大化或最小化,还必须满足一些设计的约束条件,这些约束条件是保证优化设计结果成为工程可接受方案的重要条件。约束条件可分为边界类约束和性能类约束两类。其中边界类约束是按照实际要求限定设计变量的取值范围,性能类约束是根据实际工程上的需求规定的除目标函数所描述的性能外其他性能指标的取值范围。约束条件在数学形式上可以是等式类约束,也可以是不等式类约束。对于本章节所研究问题的约束条件包括外层优化中部件参数可行性约束、动力性约束，内层优化中典型工况仿真得到的始末电池 SOC 平衡约束。其中，部件参数可行性约束包括对发动机可选型号范围的约束、对电机最大功率与最大转矩取值范围的约束、变速器最大速比和最小速比取值范围约束、变速器挡位数取值范围约束、主减速比取值范围约束、行星排特征系数取值范围约束。除了设计变量取值范围的约束外，部件参数可行性约束还包括以下两个设计变量组合约束：①电机最高转速与电机基速（最大功率与最大转矩的比值）的比值即基速比应该控制在合理范围，对于电机要求基速比为 2～4；②变速器速比约束，由最大速比、最小速比和挡位数确定的各挡速比应能保证发动机转速范围确定的相邻两挡车速范围有交集。性能约束包括动力性约束和内层优化中典型工况仿真得到的始末 SOC 差值约束。本章研究对象的动力性约束为混动系统的最大爬坡度不小于 30%。所有约束条件汇总如表 2-4 所示。

表 2-4　所有约束条件汇总

项目	约束类别	约束范围	离散化
外层优化 OuterLoop	设计变量范围约束	3≤Engindex≤5	[3,4,5]
		1000N·m≤MotorTrqMax≤2000N·m	[1000,1050,…,2000]
		100kW≤MotorPowMax≤200kW	[100,105,…,200]
		100kW≤GeneratorPowMax≤200kW	[100,105,…,200]
		9≤GearRatioMax≤14	[9,9.25,…,14]
		0.7≤GearRatioMin≤1	[0.7,0.8,0.9,1]
		P2/P3:8≤GearNum≤14 EVT:6≤GearNum≤8	P2/P3:[8,10,12,14] EVT:[6,7,8]
		2.7≤FdRatio≤4.7	[2.7,3.2,…,4.7]
		1.5≤K_PG≤3	[1.5,1.6,…,3]
	性能约束	GradeMax≥30%	—
内层优化 InnerLoop	设计变量范围约束	0.5SOCintial≤SOC_EV SOC_EV≤1 SOCintial	[0.5,0.51,…,1]SOCintial
		0.5 MotorPowMax≤Pow_EV≤ Pow_EV≤1 MotorPowMax	[0.5,0.51,…,1] MotorPowMax
	性能约束	$|SOC_{intial} - SOC_{final}| < 0.5\%$	—

2.2.2　混合动力系统参数-控制双层优化算法设计

在明确重型商用车混合动力系统优化设计问题的设计变量、目标函数、约束条件后将其与所建立的仿真模型、能量管理策略集成起来，总体优化流程如图 2-35 所示。将上述优化流程在 Isight 中实现。Isight 是达索公司旗下的多学科优化设计平台，可以高效集成其他仿真软件，搭建任意优化流程并提供稳健高效的优化算法。Isight 双层优化架构如图 2-36 所示（Step1、Step2、Step3 分别对应图 2-35 中三个虚线框中的内容），Isight 与 MATLAB 数据流如图 2-37 所示。由外层优化算法给出部件参数，在 Step1 中调用 MATLAB 脚本完成参数可行性检查、轮端外特性计算、最大爬坡度计算、控制规则 map 计算，并将计算结果保存后进入内层控制参数优化，由内层优化算法给出控制参数值；在 Step2 中调用 MATLAB 脚本加载 Step1 中计算结果并运行 SIMULINK 仿真模型完成工况仿真，将计算得到的燃油消耗量、SOC 始末差值返回给内层优化算法，并保存结果，内层每次迭代都保存一次结果，待内层优化完毕后进入 Step3 模块；在 Step3 中调用 MATLAB 脚本，读取 Step2 中保存的结果并计算部件成本、燃油成本等输出量传递给外层优化算法。

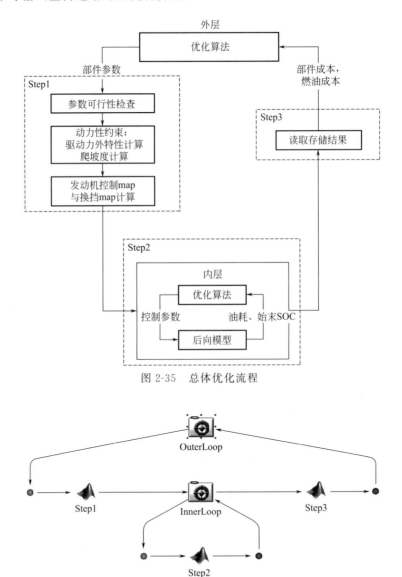

图 2-35 总体优化流程

图 2-36 Isight 双层优化架构

搭建好上述优化架构并准备好相应程序脚本与模型后，还需要对外层、内层优化分别选择合适的优化算法。

在外层优化中，优化的目标函数为部件成本与燃油成本，这是一个多目标

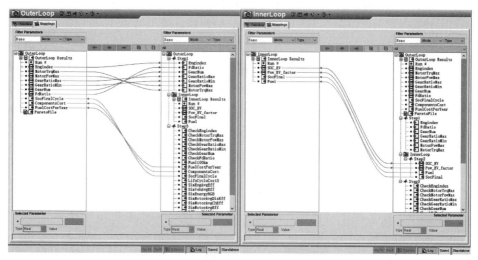

图 2-37 Isight 与 MATLAB 数据流

优化问题。多目标优化问题的目标函数之间往往是相互冲突的，为了描述不同解对应目标函数之间的关系产生了 Pareto 支配的概念。对于两个解 x_a 与 x_b，若对于所有目标函数 x_a 都不比 x_b 差且 x_a 至少有一个目标函数比 x_b 好，则称解 x_a 支配解 x_b，当 x_a 和 x_b 都存在比对方更好的目标函数时，x_a 与 x_b 是无法比较的非支配关系。如对于一个双目标优化问题如图 2-38 所示，分析比较 5 个解对应的目标函数在目标函数二维空间中的位置，其中，解 2、3、4、5 支配解 1，解 4 支配解 3、2、1，解 5 支配解 1、2、3、4，解 2 与解 3 为非支配关系。在所有解中目标函数空间边界上对应的解不会被其他解支配，这些解的重要意义在于它们给出了在不牺牲其他目标函数的条件下某一目标函数的最优值，它们是相对意义上的最优解，这些解被称为 Pareto 解，目标函数空间边界上对应的所有解构成 Pareto 解集，它们对应的目标函数在目标函数空间形成的边界称为 Pareto 前沿。多目标优化问题的求解就是求 Pareto 解集的过程。

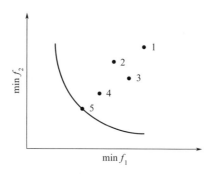

图 2-38 双目标优化中解的支配关系

求解多目标优化问题主要有两种方法：有偏好方法和无偏好方法。有偏好方法是基于偏好将多个目标函数转化为单个目标函数后，再应用单目标优化方法求解，如线性加权法就是利用权重因子对各目标函数进行线性加权得到单目标函数后再求解，每一组权重系数对应的解是 Pareto 解集中的一个解，然后通过不断变换权重系数组合不断得到新的 Pareto 最优解，最后形成 Pareto 解集。这种方法的缺点是计算量较大，不适用于 Pareto 求解空间形状复杂或目标函数数量较多的问题。无偏好方法是利用 Pareto 支配的思想对算法进行改进得到的方法，如多目标遗传算法、多目标模拟退火法、多目标粒子群优化算法等。在各种多目标算法中，Deb 于 2002 年提出的带精英策略的非支配排序算法 NSGA Ⅱ 应用最为广泛，故选择 NSGA Ⅱ 算法作为外层优化算法，NSGA Ⅱ 算法的基本思想是将父代与子代结合进行非支配排序，非支配排序过程中首先根据 Pareto 支配的概念对所有解进行分层，所处层数越小的解适应度越高，然后相同层的解根据拥挤距离的大小进一步分配适应度的相对大小，NSGA Ⅱ 通过 Pareto 支配保留较优解，同时利用拥挤度保持种群多样性，可以快速逼近得到 Pareto 解集。在基于对当前研究对象的外层优化中，外层优化算法设置如图 2-39 所示，设置种群数为 40，保证种群数在设计变量数的 2~3 倍以上，设置代数为 50，这样一共需要计算 2000 次以保证尽可能逼近 Pareto 前沿。

内层优化中目标函数是燃油消耗量，设计变量为纯电动 SOC 门限 SOC_EV 和纯电动功率门限 Pow_EV。容易分析出这两个参数对燃油消耗量的影响为：SOC_EV 设置得越低，纯电动工作时间越长，燃油消耗量越小；Pow_EV 值设置得越高，纯电动工作的时间越长，燃油消耗量越小。因此这两个设计参数对目标函数的影响是比较单调的，说明内层优化问题不是一个多峰问题，因此对于内层优化，选择基于数学的优化算法可以更高效地找到最优解。由于这两个控制参数对约束条件电池 SOC 终值的影响，亦容易得出 SOC_EV 越小或 Pow_EV 越大都会使纯电动工作占比增大，使最终的 SOC 变小，因此内层优化问题实际上是找出满足始末 SOC 平衡约束的控制参数。故选择 Isight 中的序列二次规划法进行求解，如图 2-40 所示，设置迭代数为 40 足以保证找到满足约束条件的控制参数值。

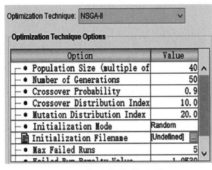

图 2-39　外层优化算法设置

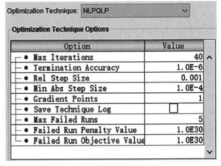

图 2-40　内层优化算法设置

2.3　优化结果验证与分析

针对优化结果进行分析，分别找出待优化构型各设计参数的选择趋势和范围，并对各构型进行成本和节油能力的比较。

在 P2、P3、EVT 三种构型优化计算完成后进行结果分析。结果分析的主要内容包括分析目标函数间的关系、各设计变量与目标函数间的关系、各设计变量参数的选择趋势，还有对三种构型的对比分析。在分析各相关关系时，利用线性相关系数即皮尔逊相关系数作为判断依据，皮尔逊系数为正表示两变量正相关，为负表示两变量负相关，皮尔逊系数的绝对值越大表示相关性越强，皮尔逊系数的计算公式如式（2-7）所示，相关系数取值与意义如表 2-5 所示。

$$r = \frac{\sum_{i=1}^{n}(x_i - \overline{x})(y_i - \overline{y})}{\sqrt{\sum_{i=1}^{n}(x_i - \overline{x})^2}\sqrt{\sum_{i=1}^{n}(y_i - \overline{y})^2}} \quad (2-7)$$

表 2-5　相关系数取值与意义

$|r|$ 的取值范围	$|r|$ 的意义
0~0.2	极弱相关或无相关
0.2~0.4	弱相关
0.4~0.6	中等程度相关
0.6~0.8	强相关
0.8~1.0	极强相关

（1）P2 优化结果分析

将 P2 构型在整个优化迭代过程得到的所有可行解对应的目标函数值（部件成本和燃油成本）和 Pareto 解集中的解对应的目标函数值绘制到目标函数空间中，如图 2-41 所示，由于燃油成本与燃油消耗量呈比例关系，因此也绘制出部件成本与燃油消耗量的二维图。图中 Pareto 最优解的每个点都代表了在部件成本不超过该点成本的前提下燃油消耗量可达到的最低值和在燃油消耗量不超过该点对应燃油消耗量的前提下部件成本可达到的最低值。从中可以看出部件成本与燃油成本（燃油消耗量）之间具有很强的矛盾关系，即要想降低车辆燃油消耗必须付出车辆部件成本增加的代价。如表 2-6 所示为 P2 构型部件成本与燃油消耗量以及与各部件参数设计变量的相关系数，可以看到部件成本与燃油消耗量的相关系数趋近 −1，这说明部件成本与燃油消耗量负相关关系非常强，在优化过程中两目标函数难以兼顾。

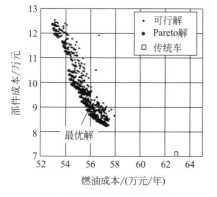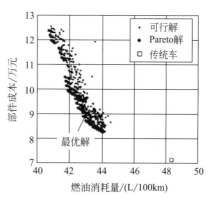

图 2-41　P2 构型可行解与 Pareto 解的目标函数空间分布

表 2-6　P2 构型部件成本与燃油消耗量以及与各部件参数设计变量的相关系数

相关系数	可行解	Pareto 解集
r(部件成本,燃油消耗量)	−0.9308	−0.9671
r(部件成本,发动机型号)	0.6732	0.7430
r(部件成本,电机最大功率)	0.8679	0.9234
r(部件成本,电机最大转矩)	0.7181	0.9280
r(部件成本,变速器最大速比)	0.0846	0.1849
r(部件成本,变速器最小速比)	−0.2636	−0.5790
r(部件成本,主减速比)	0.1182	0.3790
r(部件成本,挡位数)	0.3395	0.3700

分析各设计参数与部件成本之间的关系,由表 2-6 可以看出部件成本与发动机型号、电机最大功率和电机最大转矩之间有很强的正相关关系,这可通过图 2-42 直观观察。发动机型号值越大,对应的发动机成本越高,而电机成本与其最大功率成正比,因而电机功率与部件成本的正相关关系很强,同时电机功率的提高也会导致电池成本的增加,由图 2-42 可以看到当电机功率大于 150kW 时部件成本有一个跃升,这是由于电机功率大于 150kW 时匹配的电池并联数由 1 变为 2,导致电池的成本直接增加了一倍,导致部件成本有一个跃升式的变化。又由于基速比的限制,当电机最大功率提高时其最大转矩范围也要提高,

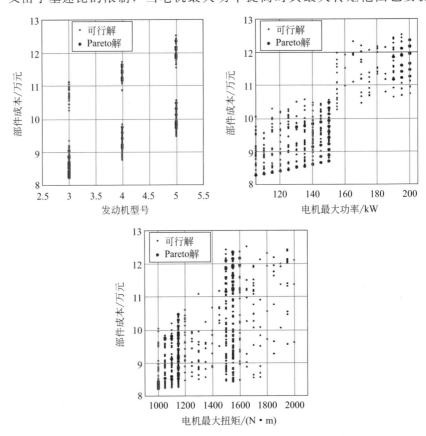

图 2-42　P2 构型部件成本与发动机型号、电机最大功率、电机最大转矩的关系

因而电机最大转矩与部件成本也有较强正相关关系,但是实质原因是由电机功率与成本的关系和基速比限制决定的。

分析各设计变量与燃油消耗量之间的关系,计算得到各设计变量与燃油消耗量的相关系数,如表 2-7 所示,可以看到发动机型号、电机最大功率及电机最大转矩与燃油消耗量有很强的相关性,这从图 2-43 可直观观察。发动机型号越大即采用越大功率的发动机经济性越好,这是因为大功率发动机可以更多地保持在最高效区,发动机的平均热效率更高,如图 2-44 所示。另外,观察三款发动机的万有特性图(图 2-33),可以看到更大功率发动机相对来说最高效区域更大。而对于电机来说最大功率与最大转矩的增加对节油的贡献主要是扩大电机再生制动的回收范围,回收更多的制动能量用于驱动以减少燃油消耗,如图 2-45 所示,但是可以看到并不是电机的转矩范围越大越好,由图 2-43 可以看出在 1500~1600N·m 范围可以实现最低的油耗水平,而当电机转矩过大时将会使电机的工作负荷降低,效率变差。另外,由图 2-46 可以观察到挡位数对燃油消耗量的影响比较小,不同数量的挡位均可以实现较高或较低的油耗,而变速器最大速比、最小速比、主减速比都偏向选择较小值,这样更有利于使发动机更多工作在较低转速、较高负荷范围,从而降低油耗。

表 2-7 部件成本与燃油消耗量、部件参数设计变量的相关系数

相关系数	全部可行解	Pareto 解
r(油耗,发动机型号)	−0.7509	−0.8351
r(油耗,电机最大功率)	−0.8818	−0.9029
r(油耗,电机最大转矩)	−0.5340	−0.8581
r(油耗,变速器最大速比)	0.0331	−0.1907
r(油耗,变速器最小速比)	0.2017	0.5451
r(油耗,变速器挡位数)	−0.3226	−0.3597
r(油耗,主减速比)	0.0390	−0.3395

另外,考虑部件成本与燃油成本在内的总成本,给出了 1~6 年总成本的变化,如图 2-47 所示。可以看到随着工作年限的增加,燃油消耗量越小的解对应的总成本优势越来越明显,这说明在设计 P2 构型时加大部件成本的投入是值得的,因为其通过节油带来的燃油成本节约更多。

综合上述分析,对于 P2 构型,加大部件成本投入,提高系统的节油效果,从总成本角度看是更经济的选择。使燃油消耗量更低的设计偏向于选择大功率发动机,变速器挡位不必选择过多,变速器与主减速比的选择偏向选择较小值,对于电机偏向于选择大功率型号,而电机转矩范围并不是越大越好,在 1500~1600N·m 最为适宜。

(2) P3 优化结果分析

将 P3 构型在整个优化迭代过程得到的所有可行解对应的目标函数值(部件成本和燃油成本)和 Pareto 解集中的解对应的目标函数值绘制到目标函数空间中,如图 2-48 所示,亦绘制出部件成本与燃油消耗量的二维图。统计计算部件成本与燃油消耗量以及与各部件参数之间的相关系数,如表 2-8 所示,部件成

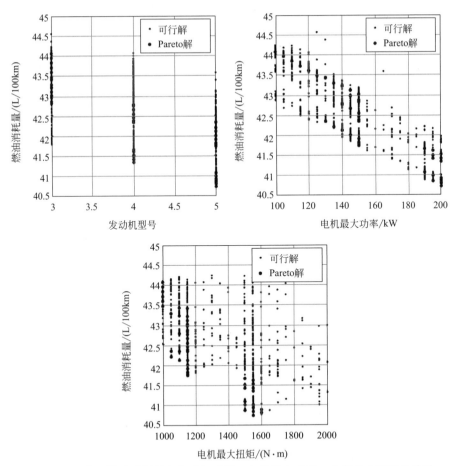

图 2-43　P2 构型燃油消耗量与发动机型号、电机最大功率、电机最大转矩的关系

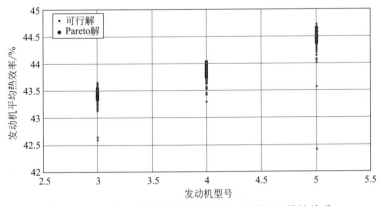

图 2-44　P2 构型发动机平均热效率与发动机型号的关系

本与燃油消耗量的相关系数趋近 -1，亦说明部件成本与燃油消耗量负相关关系非常强。分析各设计参数与部件成本之间的关系，如表 2-8 所示，部件成本与发动机型号、电机最大功率和电机最大转矩之间正相关系数较高，图 2-49 直观反映部件成本与这三个参数的关系。发动机、电机最大功率与转矩对成本的影响与 P2 类似，不再赘述。

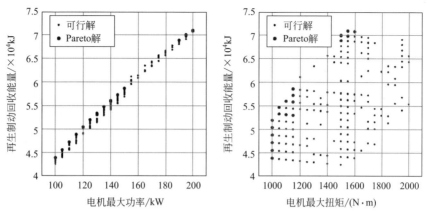

图 2-45 P2 构型再生制动回收能量与电机最大功率、电机最大转矩的关系

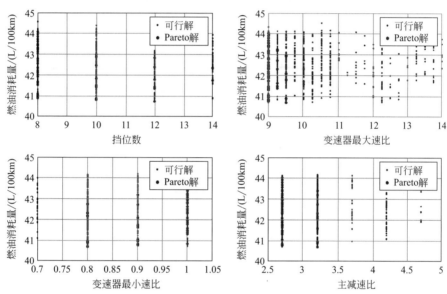

图 2-46 P2 构型燃油消耗率与挡位数、变速器最大/最小速比、主减速比的关系

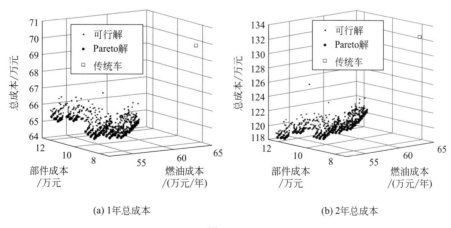

(a) 1年总成本

(b) 2年总成本

图 2-47

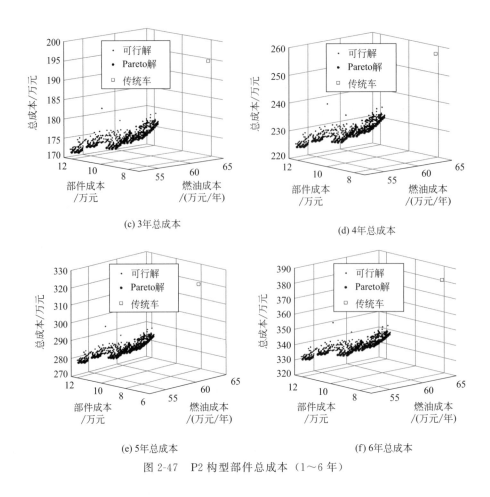

(c) 3年总成本

(d) 4年总成本

(e) 5年总成本

(f) 6年总成本

图 2-47 P2 构型部件总成本（1~6 年）

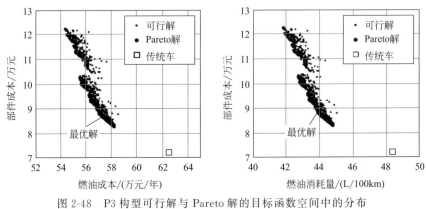

图 2-48 P3 构型可行解与 Pareto 解的目标函数空间中的分布

表 2-8 P3 构型部件成本与燃油消耗量、部件参数设计变量的相关系数

相关系数	可行解	Pareto 解集
r(部件成本,燃油消耗量)	−0.9272	−0.9696
r(部件成本,发动机型号)	0.6770	0.7572
r(部件成本,电机最大功率)	0.8319	0.9280
r(部件成本,电机最大转矩)	0.5886	0.8571

续表

相关系数	可行解	Pareto 解集
r(部件成本,变速器最大速比)	−0.1035	−0.1773
r(部件成本,变速器最小速比)	−0.1052	−0.3486
r(部件成本,主减速比)	−0.0801	0.0000
r(部件成本,挡位数)	0.2760	0.3486

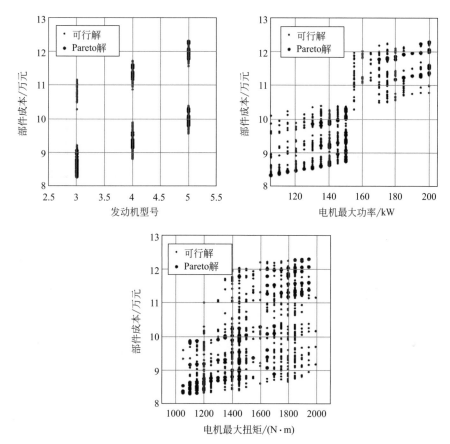

图 2-49　P3 部件成本与发动机型号、电机最大功率、电机最大转矩的关系

分析各设计变量与燃油消耗量之间的关系，计算得到各设计变量与燃油消耗量的相关系数，如表 2-9 所示，可以看到发动机型号、电机最大功率与电机最大转矩和燃油消耗量有很强的相关性，如图 2-50 所示。类似地，大功率发动机往往可以更多地工作在高效率区，平均热效率更高，如图 2-51 所示，因而油耗水平可以更低。电机最大功率与最大转矩的增加亦可以令电机回收更多制动能量用于驱动以减少燃油消耗，如图 2-52 所示。另外，由图 2-53 可以观察到挡位数对燃油消耗量的影响比较小，不同数量的挡位均可以实现较高或较低的油耗，变速器最大速比、最小速比都偏向选择较小值，而主减速比却偏向于选择较大值，这是因为电机位于变速器输出端，转速较低，较大的主减速比可以提高电机的工作转速，从而使电机的效率更高，如图 2-54 所示。

表 2-9　P3 构型燃油成本与部件参数设计变量的相关系数

相关系数	全部可行解	Pareto 解
r(油耗,发动机型号)	−0.7943	−0.8478
r(油耗,电机最大功率)	−0.8153	−0.9004
r(油耗,电机最大转矩)	−0.6396	−0.8649
r(油耗,变速器最大速比)	0.2129	0.2792
r(油耗,变速器最小速比)	0.2592	0.4102
r(油耗,变速器挡位数)	−0.1919	−0.2166
r(油耗,主减速比)	0.0842	−0.0000

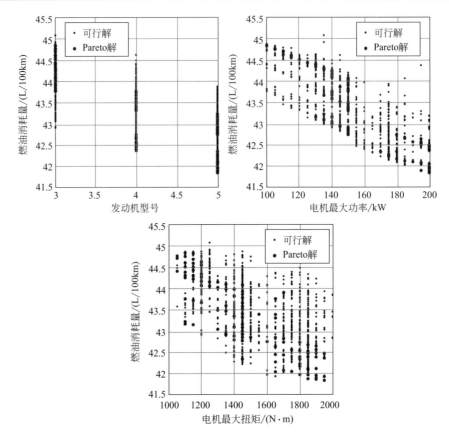

图 2-50　P3 燃油消耗量与发动机型号、电机最大功率、电机最大转矩的关系

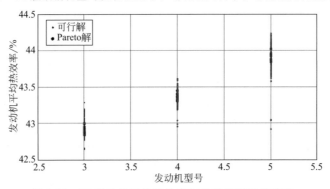

图 2-51　P3 发动机平均热效率与发动机型号的关系

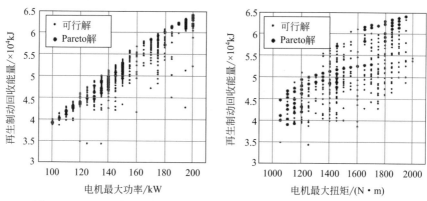

图 2-52 P3 再生制动回收能量与电机最大功率、电机最大转矩的关系

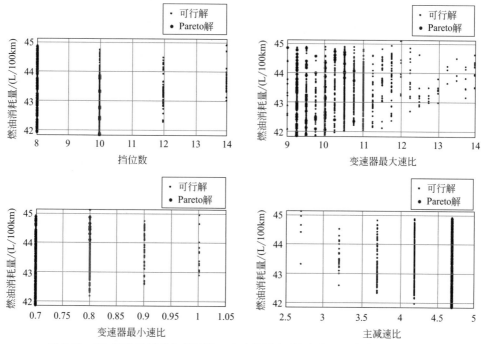

图 2-53 P3 燃油消耗率与挡位数、变速器最大/最小速比、主减速比的关系

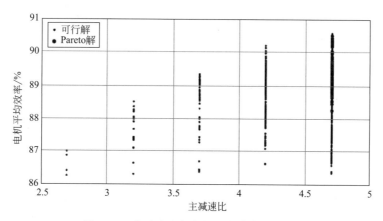

图 2-54 主减速比与电机平均效率的关系

考虑部件成本与燃油成本在内的总成本，图 2-55 给出了 1～6 年总成本的变化，可以看到随着工作年限的增加，燃油消耗量越小的解对应的总成本优势越来越明显，但是第一、二年不明显，两年后最初部件成本的投入逐渐被燃油费用的节约所抹平，长远看在设计 P3 构型时加大部件成本的投入是值得的，其通过节油带来的燃油成本节约更多。

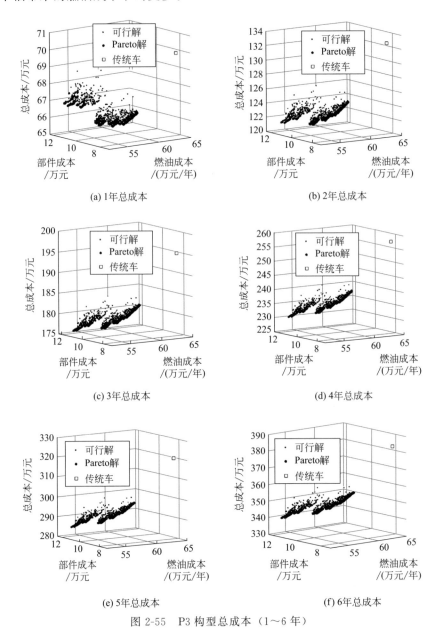

图 2-55　P3 构型总成本（1～6 年）

综合上述分析，对于 P3 构型，加大生产成本投入，提高系统的节油效果，从长远来看是总成本更经济的选择，使燃油消耗量更低的设计偏向于选择大功率发动机，变速器挡位不必选择过多，变速器速比偏向于选择较小值而主减速比却偏向选择较大值，对于电机偏向于选择大功率电机，电机最大转矩值选择得越大，越有利于节油。

（3）EVT 优化结果分析

将 EVT 构型在整个优化迭代过程得到的所有可行解对应的目标函数值（部件成本和燃油成本）和 Pareto 解集中的解对应的目标函数值绘制到目标函数空间中，如图 2-56 所示，亦绘制出部件成本与燃油消耗量的二维图。统计计算部件成本与燃油消耗量以及与各部件参数之间的相关系数，如表 2-10 所示，部件成本与燃油消耗量的相关系数趋近 -1，亦说明部件成本与燃油消耗量负相关关系非常强。由表 2-10 分析了各设计参数与部件成本之间的关系，EVT 系统发动机成本和部件成本的相关性相比与 P2、P3 相比要小得多，这是由于 EVT 系统要配备两个电机，因此发动机成本在总成本中的占比相对 P2、P3 要小得多。如图 2-57 所示，部件成本与发动机型号以及两个电机最大功率的关系与 P2、P3 类似，不再赘述。

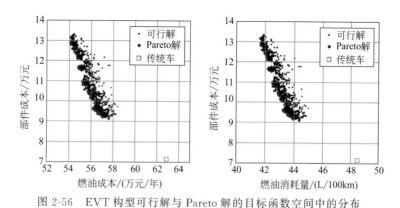

图 2-56　EVT 构型可行解与 Pareto 解的目标函数空间中的分布

表 2-10　EVT 构型部件成本与燃油消耗量、部件参数设计变量的相关系数

相关系数	可行解	Pareto 解集
r(部件成本,燃油消耗量)	-0.9128	-0.9687
r(部件成本,发动机型号)	0.5626	0.5472
r(部件成本,MG2 最大功率)	0.8718	0.9144
r(部件成本,MG2 最大转矩)	0.6126	0.8774
r(部件成本,MG1 最大功率)	0.3491	0.5315
r(部件成本,MG1 最大转矩)	0.5040	0.3253
r(部件成本,变速器最大速比)	0.0187	-0.2729
r(部件成本,变速器最小速比)	0.0220	0.0000
r(部件成本,主减速比)	0.1024	0.2409
r(部件成本,挡位数)	0.1434	0.2247
r(部件成本,行星排特征系数)	0.0588	0.4477

分析各设计变量与燃油消耗量之间的关系，计算得到各设计变量与燃油消耗量的相关系数，如表 2-11 所示，可以看到与燃油消耗量最强相关的是发动机

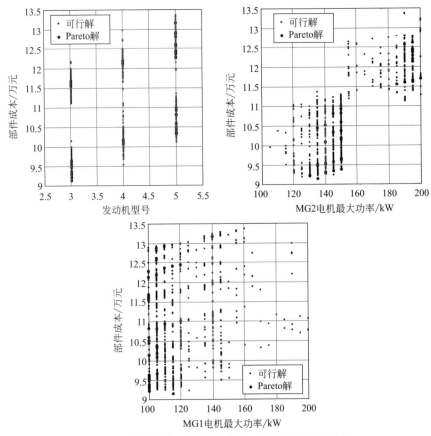

图 2-57 部件成本三发动机型号、两电机功率的关系

型号与 MG2 的最大功率和最大转矩,从图 2-58 可直观观察。与发动机型号的强相关性在于大功率发动机的平均工作效率更高,如图 2-59 所示。电机最大功率与最大转矩的增加可以令电机回收更多制动能量(图 2-60)用于驱动以减少燃油消耗,因而这两个参数与油耗的相关性亦较强。但是也可以看到并不是电机的转矩范围越大越好,由图 2-58 和图 2-60 可以观察到 MG2 最大转矩在 1600N·m 附近可以实现最低的油耗水平,当 MG2 转矩过大时实际上已经超过了工况驱动力/制动力需求范围,且 MG2 转矩范围过大亦会使电机的工作负荷降低效率变差。

表 2-11 EVT 构型燃油成本与部件参数设计变量的相关系数

相关系数	可行解	Pareto 解集
r(部件成本,燃油消耗量)	−0.9128	−0.9687
r(部件成本,发动机型号)	0.5626	0.5472
r(部件成本,MG2 最大功率)	0.8718	0.9144
r(部件成本,MG2 最大转矩)	0.6126	0.8774
r(部件成本,MG1 最大功率)	0.3491	0.5315
r(部件成本,MG1 最大转矩)	0.5040	0.3253

续表

相关系数	可行解	Pareto 解集
r(部件成本,变速器最大速比)	0.0187	−0.2729
r(部件成本,变速器最小速比)	0.0220	0.0000
r(部件成本,主减速比)	0.1024	0.2409
r(部件成本,挡位数)	0.1434	0.2247
r(部件成本,行星排特征系数)	0.0588	0.4477

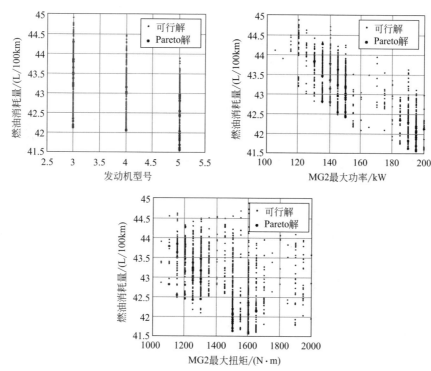

图 2-58 EVT 构型燃油消耗量与发动机型号、MG2 最大功率额最大转矩的关系

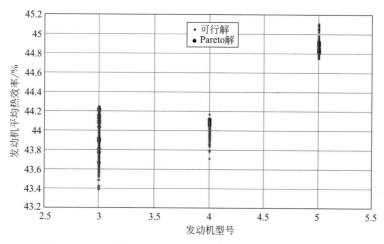

图 2-59 EVT 构型发动机平均热效率与发动机型号的关系

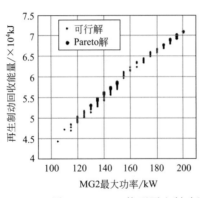
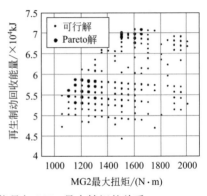

图 2-60 EVT 构型再生制动回收能量与 MG2 最大转矩的关系

分析 MG1 电机参数与燃油消耗量的关系，如图 2-61 所示为 EVT 构型燃油消耗量与 MG1 最大功率的关系，可以看到 Pareto 解趋向于选择较小的 MG1 功率，100~120kW 的发电机即可满足对发动机功率分流时太阳轮端的转速和转矩需求。

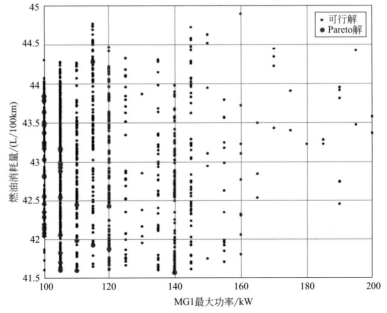

图 2-61 EVT 构型燃油消耗量与 MG1 最大功率的关系

分析变速器、主减速器、行星排特征系数与燃油消耗量的关系。如图 2-62 所示为变速器与主减速器参数和燃油消耗量的关系，可以看到，挡位数增多可以带来油耗的降低，但是幅度亦很小。变速器最大速比趋向于取较小值，因为最大速比决定了整体变速器各挡速比的相对大小，因此油耗较低的设计偏向选取较小的速比，同样优化解也偏向于选择较小的主减速比。而对于行星排特征参数，如图 2-63 为 EVT 构型燃油消耗量与行星排特征系数的关系，可以看到优化解对应的行星排特征系数范围主要为 2.5~2.6，这个范围内的特征系数值可以使整体设计匹配得更好，从而优化系统的油耗水平。

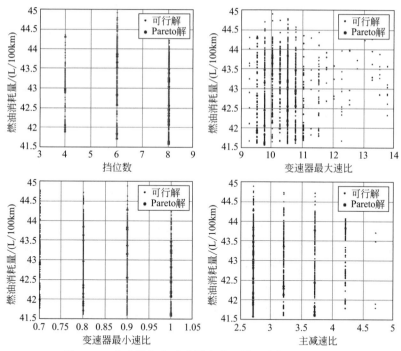

图 2-62　变速器与主减速器参数和燃油消耗量的关系

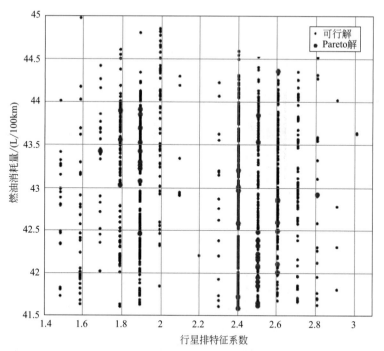

图 2-63　EVT 构型燃油消耗量与行星排特征系数的关系

考虑部件成本与燃油成本在内的总成本，图 2-64 给出了 1~6 年总成本的变化，可以看到随着工作年限的增加，燃油消耗量越小的解对应的总成本优势越来越明显，但是第一、二年不明显，长远看在设计 EVT 构型时加大部件成本的投入亦是值得的,因为其通过节油带来的燃油成本节约更多。

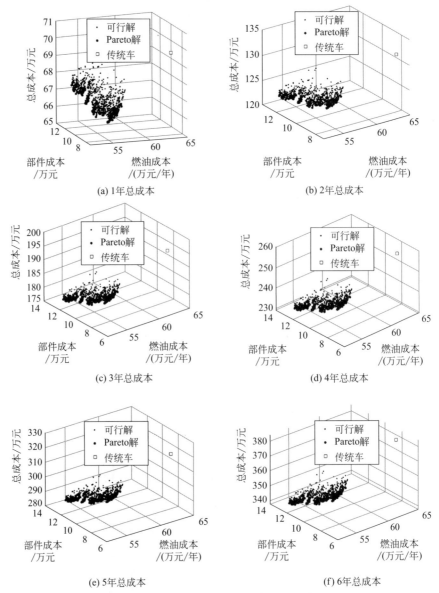

图 2-64　EVT 构型部件总成本（1～6 年）

综合上述分析,对于 EVT 构型,加大生产成本投入,提高系统的节油效果,从长远来看亦是总成本更经济的选择,使燃油消耗量更低的设计偏向于选择大功率发动机,MG2 的功率越大对节油越有利,但是转矩范围覆盖在 1600N·m 左右即可,MG1 的功率范围不必选择过大,100～120kW 的范围足够满足实现系统功率分流功能。变速器挡位亦不必选择过多,变速器和主减速器速比都偏向选择较小值,而对于行星排特征系数选择 2.4～2.6 的范围较为合适。

(4) P2、P3、EVT 优化结果对比分析

在对 P2、P3、EVT 三种构型优化结果进行单独分析后对三种方案进行比较分析,可为我国混合动力重型商用车自主研发方案确定提供参考。

首先从优化结果对比看,无论是 P2、P3 并联系统还是 EVT 系统,其利于燃油经济性的设计都趋向于选择大功率发动机、大功率驱动电机和小传动系速比。大功率发动机提供了更大的高效工作范围;大功率驱动电机提供了更大的制动力覆盖范围,从而能够回收更多的制动能量;小传动系速比的影响主要是针对发动机而言的,小传动系速比利于降低发动机工作转速,提高发动机工作负荷,从而使发动机发挥出更高的效率,因为重型商用车主要以发动机驱动为主,对于 P3 而言,要求主减速比较大以提高电机转速,进而提高电机效率。在驱动电机转矩范围方面,P2 和 EVT 构型两者将电机动力耦合在变速器输入端,由于有了变速器的增扭作用,电机的转矩范围并不是越大越好,其与工况需求、速比需要较好地匹配,否则容易造成过设计。对于 EVT 构型行星排,是一个实现功率分流功能的关键部件,优化设计的结果表明,特征参数值在某一范围是比较容易与系统匹配良好的,取值过大或过小都会使车辆燃油经济性变差。

对三种构型,在部件成本和燃油消耗量两个性能指标方面进行对比,在同一坐标系下三种构型的 Pareto 解集如图 2-65 所示。在部件成本上,在燃油消耗量相同的情况下三种构型成本关系为 P2<P3<EVT,P2 相比 P3 更低的主要原因在于电机耦合在变速器输入端,电机的功率和转矩范围可以选得更低,而 EVT 系统需要两个电机,因此成本总体来说最高。在油耗方面,在部件成本相同的情况下三种构型最低油耗关系为 P2<EVT≈P3。P3 相比 P2 电机不能调速,驱动电机效率水平相比 P2 略低,如图 2-66 所示,另外由图 2-45 和图 2-52 可以看到 P3 再生制动回收能量相对更少,因此 P3 经济性稍差于 P2。而 EVT 系统油耗水平亦略低于 P2,由图 2-45 和图 2-60 可以同样看到,将电机耦合在变速器输入端,EVT 的再生制动回收能量与 P2 是相当的,且 EVT 相比 P2、P3 电动无级变速可以实现更高的发动机热效率,如图 2-67 所示,但 EVT 相比 P2、P3 在发动机热效率上的提升幅度很小,而 EVT 本身功率分流始终又有一部分发动机功率用于发电(再电动),相比并联系统发动机效率的微小提升不足以抹去发动机一部分功率发电(再电动)造成的传动系统损耗增加,这样的发动机功率利用方式不如发动机直接驱动高效,因此 EVT 系统在重型商用车上节油能力不具有乘用车领域那样明显的优势。

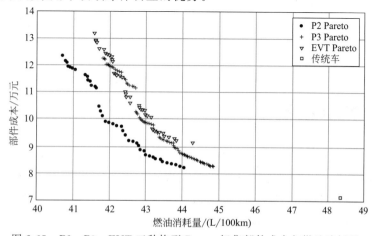

图 2-65 P2、P3、EVT 三种构型 Pareto 解集部件成本与燃油消耗量

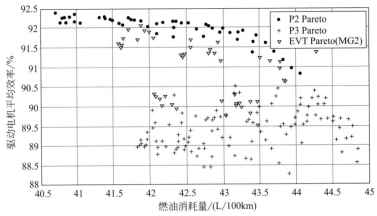

图 2-66　P2、P3、EVT 三种构型 Pareto 解集驱动电机平均热效率

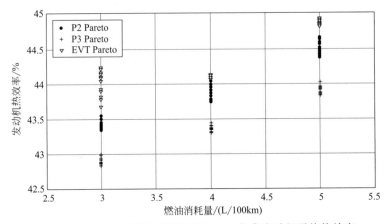

图 2-67　P2、P3、EVT 三种构型 Pareto 解集发动机平均热效率

事实上，混合动力系统构型是一个非常开放的话题，本章给出的拓扑搜索方法只是基于所选择的有限部件，实际上可能考虑对更多部件进行组合，部件本身的功能也可能改变，这些都会大大扩大可行构型的空间，此外，面向其他应用场景和车辆类型可能有其他与之相匹配的优化系统方案，但所提出的方法对于混合动力系统优化设计具有指导意义，更多的混合动力构型方案值得进一步探索。

2.4　本章结语

本章针对混合动力系统所存在的设计问题，以某混合动力重型商用车作为实例，介绍了一种基于构型拓扑的混合动力系统参数-控制双层优化设计方法。首先，介绍了重型商用车混动拓扑生成问题的建立、求解和分析过程，包括拓扑生成问题的数学建模，并将拓扑生成描述为约束满足问题，以及约束条件的完整列写方法，如何利用回溯法搜索约束满足问题的解，进而得到所有可行构型，同时还介绍了对搜索得到的构型拓扑的分析过程，最终考虑成本、复杂度等方面，筛选出并联 P2、P3 和混联 EVT 系统作为下一步优化设计的构型。此外，本章还介绍了混合动力各系统构型的设计变量、目标函数、约束条件的确定过程，介绍了在 Isight 平台下参数-控制双层优化架构的建立方法，并选择 NSGA Ⅱ 算法和 NLPQL 算法对外层部件参数和内层控制参数进行优化，进而得到三种构型关于部件成本与燃油成本两个性能指标的 Pareto 解集，然后介绍了对于三种构型求解结果的分析，包括设计变量对目标函数的影响程度分析，以及各部件参数的取值趋势和范围分析。最后针对重型商用车使用场景，对三种构型优化结果进行比较，得出结论：在实现相同燃油消耗的前提下，对于部件成本，P2 成本最低，P3 次之，EVT 最高；在部件成本相同的前提下，对于燃油经济性，P2 节油效果最佳，P3 和 EVT 相当。

第3章

基于车联网信息
行驶工况处理

3.1 车联网信息下汽车行驶工况数据获取
3.2 车联网平台下行驶工况数据缺失与数据噪声处理
3.3 车联网平台下行驶工况数据处理的评价方法
3.4 本章结语

混合动力车辆是一个复杂的非线性多动力源系统，如何基于车联网提取可利用信息，采用有效的智能控制方法，对混合动力汽车的能量管理策略进行优化控制，实现各动力源更高效合理的工作，进而逐步提高混合动力汽车在不同路况、不同地区的节能水平和适应性，是当前智能网联混合动力汽车研究的热点与关键问题，也是当前网联化、电动化、智能化技术在混合动力汽车领域融合发展的行业需求。特别是在商用客车领域，因使用环境的特殊性，国家法规政策已明确规定必须安装车载终端产品，因此车联网迅速在商用客车内掀起热潮，宇通、厦门金龙、福田等商用车企业也纷纷推出车联网产品。

车联网平台能够实时监控车辆运行状态，每天会产生大量的动态数据，为获取行驶工况数据提供了条件，但受限于当前通信技术和运营成本，车联网平台数据存在数据缺失和噪声的质量问题，如何有效处理并获取可利用、有价值的数据是当前该领域的共性需求。本章以某商用混合动力公交客车作为研究对象展开相关介绍，基于商用客车企业车联网平台，获取固定线路运行的公交客车行驶工况数据，分析车联网平台数据特点及所获取行驶工况数据存在的问题，结合大数据处理理论基础，从缺失数据估计和噪声数据清洗两个主要方面进行数据分析与处理，并给出行驶工况数据处理方法的评价指标，合理评价所采用的数据处理方法的效果，为后续行驶工况数据挖掘提供可靠的数据基础。同时，本章所介绍的内容对车联网领域的数据传输优化改进、海量高并发数据的处理方法提供实际参考和借鉴。

3.1 车联网信息下汽车行驶工况数据获取

本节依托某商用客车企业车联网平台，首先对车联网系统的组织架构、设备特点进行分析，选取典型线路的混合动力公交客车作为行驶数据采集的试验对象，获取一周内的行驶工况数据并针对数据质量问题研究进行介绍，为后续开展数据处理工作奠定基础。

3.1.1 新能源汽车车联网平台介绍

某客车企业新能源客车车联网运营生态链如图3-1所示，包括用户端、产品层、产业链三个方面。车联网平台组织架构从产品层面分为前端车辆和后端平台两个部分。其中，前端车辆终端设备和后端车联网监控平台构成新能源客车车联网的核心技术。

车联网系统架构原理及应用如图3-2所示。该客车车联网系统通过前端车辆设备采集车辆运行数据、驾驶员行为等信息，同时接收车辆的全球定位系统（Global Positioning System，GPS）定位信息，通过3G/4G无线通信网将数据信息实时传递到后端监控平台（车联网平台）。远程监控数据平台中心通过智能技术将海量数据进行实时分析和整理，实现对车辆的远程监控管理及调度，还

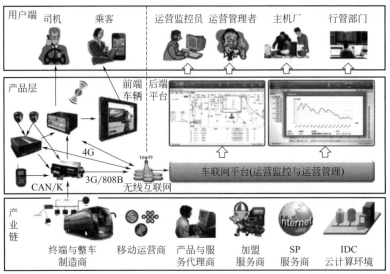

图 3-1 某客车企业新能源客车车联网运营生态链

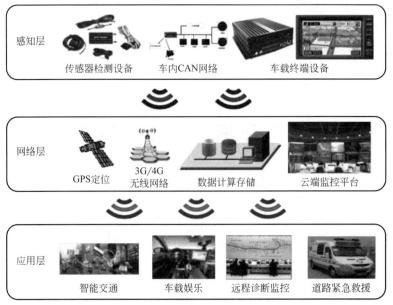

图 3-2 车联网系统架构及应用

可提供客车安全管理、油耗分析、驾驶行为建议、故障预警与远程诊断,为客车提供了高效的管理工具。

前端车辆设备的核心技术包括汽车电控与总线技术、传感器检测与信息融合技术和车载网络终端技术。其中,车联网车载终端设备(Telematics Box,T-BOX)是车载网络终端技术的核心设备,承担着车辆与外界通信的桥梁作用。该客车采用的车联网车载终端设备,如图 3-3 所示,硬件原理上包括蜂窝通信模块、eSIM 卡、微处理器(Micro Processor Unit,MPU)、微控制器(Micro Control Unit,MCU)、控制器局域网络(Controller Area Network,CAN)收发器和存储器等。车载终端设备相关参数如表 3-1 所示。

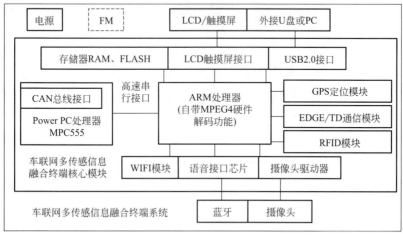

图 3-3　车联网车载终端设备

表 3-1　车载终端设备相关参数

主要组成部分	设备性能	参数
蜂窝通信模块	通信速率	峰值 2M/s
	通信制式	5G、4G、3G
微处理器(MPU)	内存	256MB
	闪存 FLASH	4GB
卫星导航系统定位模块	定位精度	10m
	刷新频率	≥5Hz
备用电池	异常断电工作时间	2h
	电池容量	600mA·h
存储器	数据储存时间间隔	≤30s
	存储容量	8GB

后端监控平台核心技术包括无线通信技术［3G/4G、射频识别（Radio Frequency Identification，RFID）、Wi-Fi 等］、无线定位技术（GPS、北斗等）、云计算技术（路径规划建议、智能交通调度、云搜索）等。该新能源客车车联网远程监控平台如图 3-4 所示，可在地图车辆监控界面对新能源车辆的电池、整车控制器、充电状态、里程等数据进行实时监控，通过将接收到的海量数据进行实时分析、整理，并结合国内外先进管理思想将驾驶员行为、油耗数据、车辆运行情况、维修保养等内容以直观的图表报告展现出来。

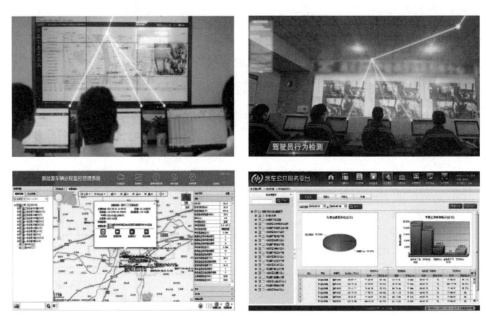

图 3-4　该客车车联网远程监控平台

3.1.2　基于车联网的行驶工况数据获取

基于车联网平台的行驶工况数据获取原理如图 3-5 所示，行驶工况数据是指通过 T-Box 采集车辆状态信息，由通信网络上传到车联网平台的数据库。因此，车联网平台的行驶工况数据能够反映线路交通状况和车辆行驶特征，原始行驶数据越充分，其表征的行驶工况特征则越客观。基于此，开展的工况信息

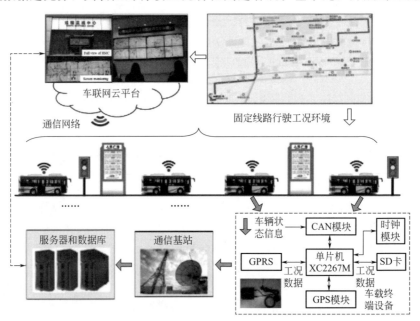

图 3-5　基于车联网平台的行驶工况数据获取原理

数据挖掘所得工况信息也越具有表征性。本小节选取具有代表性运营线路的混合动力公交客车作为原始行驶数据获取的试验对象,经过车联网平台历时一周的监控管理,获取了客车行驶工况数据,为后续开展工况信息挖掘及能量管理策略奠定充分的数据基础。

原理试验所选取的公交客车线路如图 3-6 所示。该试验线路具有典型运营线路的特点,线路包括城市拥堵路况、次干道生活区低速行驶路况、主干道的中速行驶路况和城郊区快速路况,每天早高峰、平峰、晚高峰以及节假日出行特征较明显的线路,车联网车载终端参数如表 3-2 所示。

图 3-6 原理试验所选取的公交客车线路

表 3-2 车联网车载终端参数

公交线路特征	线路特征参数
运营距离/km	16.8
停靠站点/个	43
线路时间/min	大约 50
每天运营时间/h	7
获取周期/s	10

根据车联网车载终端设备特点的介绍,车速信号来自整车 CAN 总线,信号分辨率为 1km/h,精度较低,因此计算所得的车辆加速度结果误差较大,无法真实反映客车实际车速变化。根据双行星排式混合动力系统转速特性关系及传动比和转速关系,基于主电机转速计算得到的车速,相比 CAN 总线获取的车速信号精度更好。因此,基于车联网平台同时获取了主电机的转速,车速和主电机转速变化趋势如图 3-7 及图 3-8 所示,基于车联网平台获取的部分工况数据如表 3-3 所示。

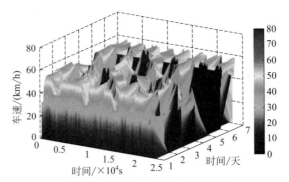

图 3-7 7天行驶工况信息-车速变化

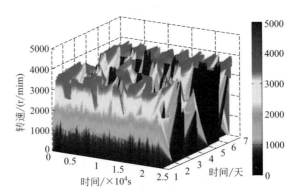

图 3-8 7天行驶信息-主电机的变化

表 3-3 基于车联网平台获取的部分工况数据

车联网平台时间(年/月/日)	时间/s	车速/(km/h)	主电机转速/(r/min)
...	...	...	...
2018/12/15 6:30:15	200	0	0
2018/12/15 6:30:25	210	1	61
2018/12/15 6:30:35	220	1	61
2018/12/15 6:30:45	230	4	244
2018/12/15 6:30:53	238	20	1340
2018/12/15 6:30:56	241	20	1340
2018/12/15 6:31:05	250	28	1864
2018/12/15 6:31:15	260	30	2010
2018/12/15 6:31:25	270	25	1705
2018/12/15 6:31:35	280	25	1645
2018/12/15 6:31:50	295	22	1462
...	...	...	...

3.1.3 车联网平台下行驶工况数据质量问题

根据 3.1.1 小节中对新能源客车车联网平台的介绍可知,车联网平台数据的获取基于车载终端设备及通信设备网络,数据质量受到终端设备性能及网络环境质量的影响。由于传感器、CAN 总线等设备以及通信网络质量易受到工作环境、硬件条件、运行成本等因素的影响,从而导致所获取的行驶数据出现质量问题。对获取的一周内的行驶工况数据质量问题进行统计分析,结果如表 3-4 所示。

由表 3-4 可知,当前车联网平台下行驶工况数据质量问题主要包括三类,即数据缺失、数据噪声、数据重复和不一致。数据缺失和数据噪声问题为车联网平台行驶工况数据的主要问题,其中数据缺失问题所占比例最大,而数据重复和不一致问题的所占比例相对较少。

表 3-4 车联网平台下行驶工况数据质量问题

数据质量问题分类	问题具体描述	所占比例/%
数据缺失	车速数据的精度低,数据数量存在随机间断性的缺失	73
数据噪声	主电机转速信号存在波动,噪声数据明显	22
数据重复和不一致	车速和主电机转速存在与时间数据重复或不一致的情况	5

(1) 数据缺失问题

当前车联网平台行驶工况数据存在的数据缺失问题,主要包括数据数量和精度的缺失,如表 3-5 所示。由表 3-5 可见,数据上传时间存在随机间断性缺失,对数据上传时间进行统计,时间间隔大多集中在 10~15s。此外,车速和主电机转速数据精度缺失,当前车速数据和主电机转速精度分别为 1km/h 和 1r/min,并不能满足行驶工况数据的要求。

表 3-5 车联网平台下行驶工况数据缺失情况

车联网平台时间(年/月/日)	时间/s	车速/(km/h)	主电机转速/(r/min)
...	...	...	...
2018/12/15 6:33:05	375	27	1827
2018/12/15 6:33:15	385	32	2132
2018/12/15 6:33:27	397	25	2132
2018/12/15 6:33:35	405	31	2071
2018/12/15 6:33:50	420	29	1920
2018/12/15 6:34:02	432	29	1949
...	...	...	...

导致上述问题的主要原因如下。

① 通信网络由于流量和运营成本的限制因素,无法实现车辆参数实时数据

的上传；此外道路交通设施的传输线路故障，或者天气恶劣，隧道、高楼遮挡效应等其他环境因素都会导致 GPS 定位导航数据发生漂移现象，从而造成数据缺失。

② 数据精度缺失。由于车联网平台上获取的行驶工况车速信号来自客车 CAN 总线，车速 CAN 总线信号精度为 1km/h，精度较低，造成车速数据精度失真，从而导致车速信号精度缺失严重。

(2) 数据噪声问题

由车联网平台获得车速工况数据，计算得到的加速度会出现严重的波动现象，此处随机选取一段工况数据进行说明，其所计算的加速度如图 3-9 所示。此外，由于机械传动部件存在间隙，导致电机转速信号波动严重，噪声明显。车速、电机信号在数据采集、传输过程中都会存在异点噪声数据。

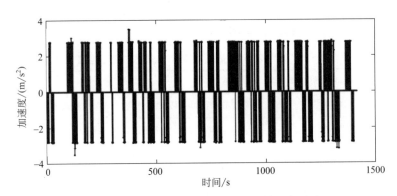

图 3-9 车联网平台行驶工况数据所计算的加速度

(3) 数据重复和不一致问题

数据重复和不一致，是指由于多数据源数据融合错误或数据上传不标准的缩写等，导致车联网平台数据库中包含行驶工况数据重复、不一致的记录情况，如表 3-6 所示。出现在同一时间下车速和主电机转速数据不一致的情况，此类问题数据相对较少，在进行数据处理前首先应将此类问题数据进行预测处理，即首先对重复和不一致的数据进行筛选，把明显错误进行剔除，消除此问题数据。后续数据处理工作将重点对缺失数据的估计和噪声数据的滤波清洗内容进行介绍。

表 3-6 车联网平台下行驶工况数据重复和不一致

车联网平台时间(年/月/日)	时间/s	车速/(km/h)	主电机转速/(r/min)
...	...	...	...
2018/12/15 9:54:38	3220	29	1920
2018/12/15 9:54:48	3230	29	1949
2018/12/15 9:54:48	3230	35	2314
...	...	...	...

3.2 车联网平台下行驶工况数据缺失与数据噪声处理

基于 3.1.3 小节中对车联网行驶工况数据主要问题的分析，本节重点解决工况数据缺失和噪声的处理。本节针对工况缺失数据，建立合适方法进行数据估计，主要探究在不同缺失时间间隔下，算法对缺失数据量的估计能力，进一步为数据传输优化改进提供实际参考。针对行驶工况存在异点噪声数据的问题，结合车联网平台行驶工况数据特点，选择合适的噪声数据清洗滤波方法进行分析与验证。常用的数据缺失和噪声数据处理方法如图 3-10 所示。

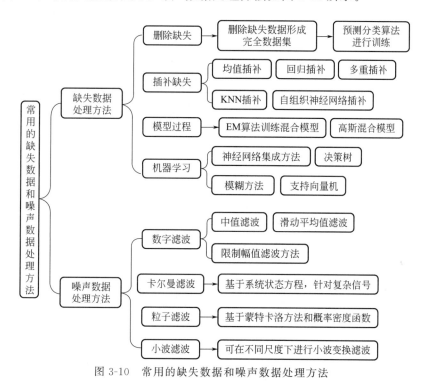

图 3-10 常用的缺失数据和噪声数据处理方法

当前常用缺失数据处理方法包括删除缺失数据的记录、插补缺失数据、基于模型过程和基于机器学习算法的缺失数据处理。其中，插补缺失数据方法能够近似补全数据，而基于机器学习算法的缺失处理则是直接对带有缺失数据的数据集进行训练，常用的有神经网络集成方法、支持向量机方法等。基于车联网行驶工况缺失数据的特点，本节将采用插补缺失与神经网络集成方法对行驶工况缺失数据进行估计。

常用噪声数据处理方法包括数字滤波、卡尔曼滤波、粒子滤波和小波滤波。其中，数字滤波技术如中值滤波对于消除随机脉冲干扰效果明显，但对高频噪声的效果有限，滑动平均值滤波能够有效处理高频噪声，但会导致有效信息的丢失。卡尔曼滤波理论上能够获得信号的最佳滤波，但是依赖系统的状态方程，不适用于本章针对单一信号的滤波。小波滤波可以在不同尺度进行小波变换，获得各尺度的低频和高频分量，有效对噪声数据进行分解，充分保留原始信息，因此，拟选用小波滤波方法进行数据噪声处理。

3.2.1 基于插补与神经网络的缺失数据估计方法

车联网平台行驶工况缺失数据估计方法如图3-11所示。根据上节对车联网平台数据缺失问题的分析，缺失数据估计处理主要包括两部分：首先，针对车联网行驶工况数据精度缺失问题，利用双行星排式混合动力系统转速特性关系及传动比和转速关系，通过主电机转速计算得到车速，其相比CAN总线的车速信号精度更好，信息保留更充分；其次，对于数据数量的缺失，结合车联网平台数据缺失数量的特点，本小节继续介绍一种基于插补与神经网络集成的缺失数据估计方法。

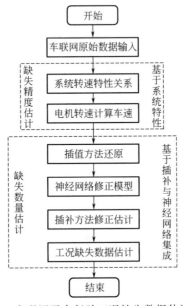

图3-11 车联网平台行驶工况缺失数据估计方法

基于插补与神经网络集成的缺失数据估计方法，首先在数据预处理过程中使用插补算法对缺失数据进行插补，其次基于插值数据与真实数据误差建立神经网络误差修正模型，并利用神经网络误差修正模型插补数据进行修正，从而得到最终缺失数据估计值。

3.2.2 基于小波变换的噪声数据滤波方法

基于前面论述的小波滤波方法的优点，建立基于小波变换的噪声数据滤波方法，如图3-12所示。首先，对原始车联网行驶工况数据进行预处理，基于小波变换原理进行小波多尺度分解，根据各尺度下小波去噪效果评价，确定小波变换的分解尺度,然后在此基础上开展小波逆变换重构信号,从而得到小波滤波后的车速。

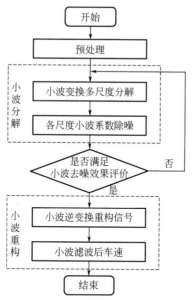

图 3-12 基于小波变换的噪声数据滤波方法

小波分解和重构的算法具体如下:设 $\psi(t) \in L^2(R)$ 表示平方可积的实数空间,其傅里叶变换为 $\hat{\psi}(\omega)$,当满足允许条件 $\int_R \frac{|\hat{\psi}(\omega)|^2}{|\omega|} d\omega < \infty$ 时,$\psi(\omega)$ 称为一个基本小波,对于任意的函数 $f(t) \in L^2(R)$ 的连续小波变换为

$$W_f(a,b) = |a|^{-\frac{1}{2}} \int_R f(t) \overline{\psi} \frac{t-b}{a} dt \tag{3-1}$$

式中,a 为尺度因子;b 为平移因子,改变连续小波的位移;$W_f(j,t)$ 是 $f(t)$ 的离散小波变换,离散方法是 $a = 2^j$,$b = k2^j$,$j,k \in Z$,其中 Z 为整数集。

设 $\varphi(t)$ 和 $\psi(t)$ 分别是函数 $f(t)$ 在分辨率 2^{-j} 逼近下的尺度函数及小波函数,则其离散逼近 $A_i f(t)$ 和细节部分 $D_i f(t)$ 可分别表示为

$$A_i f(t) = \sum_{k=-\infty}^{\infty} C_{j,k} \varphi_{j,k}(t) \tag{3-2}$$

$$D_i f(t) = \sum_{k=-\infty}^{\infty} D_{j,k} \psi_{j,k}(t) \tag{3-3}$$

式中,$C_{j,k}$ 和 $D_{j,k}$ 分别为分辨率下的粗糙系数及细节系数。

结合 Mallat 算法的思想有

$$A_i f(t) = A_{j+1} f(t) + D_{j+1} f(t) \tag{3-4}$$

式中,$A_{j+1} f(t) = \sum_{m=-\infty}^{\infty} C_{j+1,m} \varphi_{j+1,m}(t)$,$D_{j+1} f(t) = \sum_{m=-\infty}^{\infty} D_{j+1,m} \psi_{j+1,m}(t)$,其中 $C_{j+1,m} = \sum_{k=-\infty}^{\infty} h^*(k-2m) C_{j,k}$,$D_{j+1,m} = \sum_{k=-\infty}^{\infty} g^*(k-2m) C_{j,k}$。

由于尺度函数 $\varphi(t)$ 是标准的正交基，$\psi(t)$ 为标准正交小波，因而有

$$(\varphi_{j,k}, \varphi_{j+1,m}) = h^*(k-2m) \tag{3-5}$$

$$(\varphi_{j,k}, \psi_{j+1,m}) = g^*(k-2m) \tag{3-6}$$

由以上可得

$$C_{j,k} = \sum_{m=-\infty}^{\infty} h(k-2m) C_{j+1,k} + \sum_{m=-\infty}^{\infty} g(k-2m) D_{j+1,k} \tag{3-7}$$

引入无穷矩阵 $H = [H_{m,k}]_{m,k=-\infty}^{\infty}$ 和 $G = [G_{m,k}]_{m,k=-\infty}^{\infty}$，式中，$H_{m,k} = h^*(k-2m)$ 且 $G_{m,k} = g^*(k-2m)$，则

$$C_{j+1} = HC_j, D_{j+1} = GC_j \quad (j=0,1,\cdots,J) \tag{3-8}$$

$$C_j = H^* C_{j+1} + G^* D_{j+1} \quad (j=J,\cdots,2,1,0) \tag{3-9}$$

式中，H^* 和 G^* 分别是 H 及 G 的对偶算子，式(3-8)便是 Mallat 的塔式分解算法，式(3-9)为重构算法。低通滤波器 H 实现函数 $f(t)$ 的逼近，带通滤波器 G 作用为抽取 $f(t)$ 的细节 D_j，基于此，完成滤波器 H 和 G 的设计。

3.2.3 行驶工况噪声数据清洗方法

根据小波变换的噪声数据滤波方法，分别得到不同小波分解尺度下的车速和加速度的变化曲线，选取整个工况的某段细节进行详细分析，如图 3-13 所示。

通过对比车联网平台数据（时间间隔为 5s，图中 net5s）、真实车速以及小

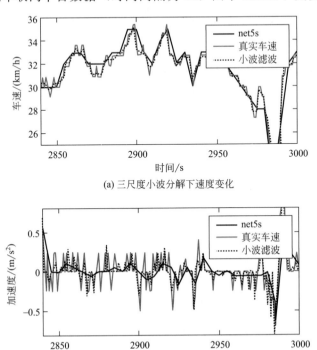

(a) 三尺度小波分解下速度变化

(b) 三尺度小波分解下加速度变化

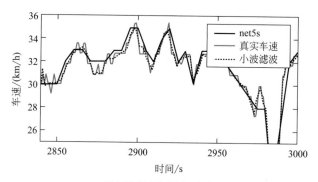

(c) 五尺度小波分解下速度变化

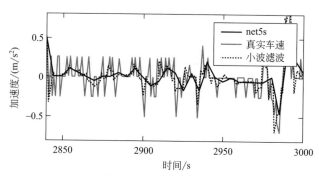

(d) 五尺度小波分解下加速度变化

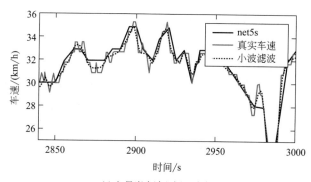

(e) 七尺度小波分解下速度变化

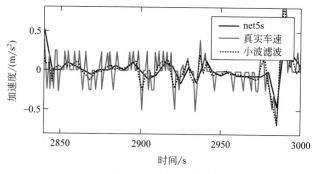

(f) 七尺度小波分解下加速度变化

图 3-13

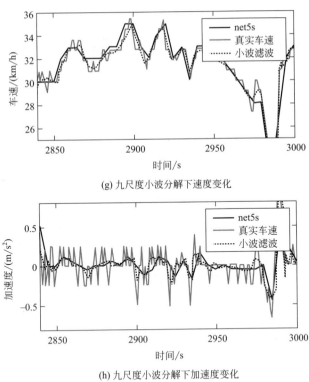

(g) 九尺度小波分解下速度变化

(h) 九尺度小波分解下加速度变化

图 3-13 不同尺度小波分解下速度和加速度滤波情况

波滤波的车速和加速度的变化曲线,可以看出,随着小波分解尺度的增大,车速和加速度变化曲线更为平滑,滤波效果更加明显,特别是在加速度变化在三尺度和五尺度小波分解下,加速度仍有明显的抖动情况。七尺度和九尺度下加速度的抖动情况明显消除,但是,九尺度小波分解的加速度曲线过于平滑,很多加速度峰值地方已经滤掉,并不能反映车辆的真实情况。

因此,最终选择七尺度作为小波分解的分解尺度,通过小波逆变换重构信号,最后的小波滤波结果即为整个工况的滤波结果,如图 3-14 所示。

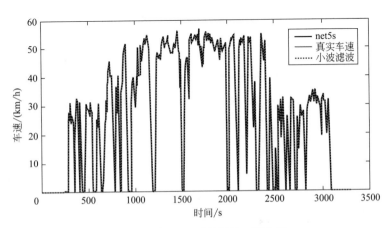

图 3-14 数据处理后的行驶工况曲线

3.3 车联网平台下行驶工况数据处理的评价方法

为衡量所采用的行驶工况数据处理方法的有效性，本节从统计学数据误差和行驶工况特征参数两个层面考虑，以行驶工况数据误差评价指标和行驶工况特征参数评价指标，对车联网平台下行驶工况数据处理效果给出合理全面的评价。

3.3.1 行驶工况数据误差评价指标

统计学中的数据误差评价分析是对试验中试验值与客观真实值进行客观的评定。本小节将对行驶工况数据处理情况进行误差分析，评价数据处理后的行驶工况数据和真实数据之间的误差情况。选取误差评价分析中常用的平均绝对误差、均方根误差和平均相对误差三个指标作为行驶工况数据误差的评价指标。

（1）平均绝对误差（Mean Absolute Error，MAE）

$$\text{MAE} = \frac{1}{N}\sum_{i=1}^{N}|x_i - y_i| \qquad (3\text{-}10)$$

（2）均方根误差（Root Mean Square Error，RMSE）

$$\text{RMSE} = \sqrt{\frac{1}{N}\sum_{i=1}^{n}(x_i - y_i)^2} \qquad (3\text{-}11)$$

（3）平均相对误差（Mean Relative Error，MRE）

$$\text{MRE} = \frac{1}{N}\sum_{i=1}^{N}\frac{|x_i - y_i|}{x_i} \qquad (3\text{-}12)$$

式中，x_i 为行驶工况数据处理后的值；y_i 为原始行驶工况数据的真实值；N 为每时刻。

通过计算两者的三个误差评价指标，并将得到的行驶工况数据误差评价指标数值进行对比，如表 3-7 所示。可以看出，数据处理后的行驶工况和实际工况误差相对较小，数据处理后的工况能够反映实际工况的真实情况。

表 3-7 行驶工况数据误差评价指标对比

误差评价指标	数值
MAE/(m/s)	0.42
RMSE/(m/s)	0.33
MRE	0.27

3.3.2 行驶工况特征参数评价指标

行驶工况特征参数可以用于描述车辆行驶过程中的加速度、速度变化和启停状态，因此，通过对比行驶工况特征参数的误差可以进一步详细说明不同行驶工况的相似程度。行驶工况特征参数集中包含大量的特征参数，为较为全面反映车辆行驶过程的加速、减速、匀速和怠速停车等情况，本小节结合车辆行驶状态选取以下9个特征参数进行误差统计对比，如表3-8所示。通过对比真实工况数据和经过数据处理后的工况特征参数，两者误差较小，在合理范围内，说明数据处理后的工况能够反映实际工况的真实情况。

表 3-8 行驶工况数据误差评价指标对比

工况特征参数指标	真实工况	数据处理后工况	误差
平均车速/(km/h)	30.3	30.2	0.1
平均巡航车速/(km/h)	19.6	19.3	0.3
最高车速/(km/h)	58.2	58	0.2
平均加速度/(m/s^2)	0.32	0.3	0.02
最大加速/(m/s^2)	1.8	1.75	0.05
平均减速度/(m/s^2)	−0.31	−0.29	0.02
怠速比例/%	10.3	10	0.3
加速比例/%	46.4	46.2	0.2
均速比例/%	18.5	18.4	0.1

3.4 本章结语

本章针对车联网平台获取的行驶工况数据特点，分析了行驶工况数据存在的质量问题，结合大数据处理理论基础，从缺失数据估计和噪声数据清洗两个主要方面进行数据分析与处理，并给出行驶工况数据处理方法的评价指标，合理评价了所采用数据处理方法的效果，得出以下结论：

① 缺失数据间隔在5s时利用本章采用的缺失数据估计方法，可以较好地还原车辆真实工况的变化情况，为车联网数据优化传输提供了参考，可以在保证数据时效性价值的同时，实现对传输成本的大大优化；

② 所采用的小波滤波算法可以实现对噪声数据的清洗，最终从行驶工况数据误差评价指标和工况特征参数评价指标两个层面，对数据处理后的行驶工况与原始工况数据进行对比，两者误差较小，说明本章采用的数据处理方法能够有效实现对车联网平台行驶工况数据的处理。

第4章

基于车联网信息行驶工况数据挖掘

4.1 数据挖掘理论在行驶工况数据中的应用
4.2 基于能耗特性的公交线路行驶工况特征参数分析
4.3 基于能耗特征与线路特征参数的固定线路行驶工况合成
4.4 基于能耗特征与线路特征参数的未来行驶工况智能预测
4.5 本章结语

第3章中针对车联网平台获取的行驶工况数据，通过数据处理方法已得到能够反映车辆实际运行的有效数据。公交客车运行线路相对固定，如何从这些有效的大量数据中挖掘公交客车行驶工况规律及特征，为能量管理策略提供全面的、有价值的行驶工况信息是本章介绍的重点。目前，公交客车固定行驶线路的工况特征与能耗特性的关系缺乏有效合理的分析方法，且公交客车行驶工况数据的挖掘多从单一维度考虑，导致行驶工况信息挖掘不足，有效利用效率较低。为解决该问题，本章基于能耗特性对固定线路行驶特征参数进行分析，从行驶工况数据的历史和未来两个维度考虑，提出采用基于能耗特性与线路特征参数的固定线路行驶工况合成方法，和基于能耗特性与线路特征参数的未来行驶工况智能预测方法，开展公交客车行驶工况的数据挖掘。

4.1 数据挖掘理论在行驶工况数据中的应用

数据挖掘是指从大量的、随机的实际数据中，提取隐含在其中的有用信息和知识的过程。数据挖掘分为有指导的数据挖掘和无指导的数据挖掘。具体而言，分类、估值和预测属于有指导的数据挖掘；关联规则和聚类属于无指导的数据挖掘。常用的数据挖掘技术方法如图4-1所示。

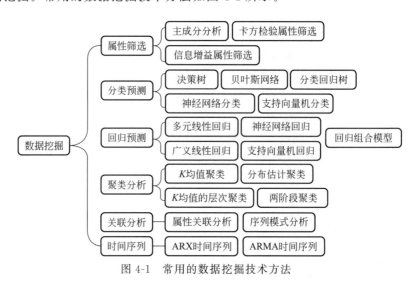

图4-1 常用的数据挖掘技术方法

基于以上数据挖掘理论及相关技术方法，本章介绍针对车联网平台数据处理后的固定线路公交客车行驶工况信息所开展的数据挖掘工作，具体内容如图4-2所示。首先针对公交客车能耗特性进行公交线路行驶工况特征参数分析，筛选得到与能耗特征和线路特征参数相关的关键参数，在此基础上，从行驶工况数据信息的历史和未来两个维度考虑，介绍基于能耗特性与线路特征参数的固定线路行驶工况合成和基于能耗特性与线路特征参数的未来行驶工况智能预测方法，进而可开展固定线路公交客车行驶工况数据挖掘工作。

基于能耗特性的公交线路行驶工况特征参数分析，主要应用数据挖掘中的

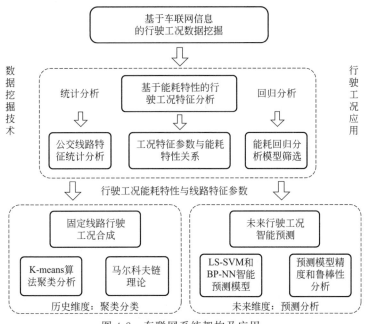

图 4-2　车联网系统架构及应用

回归分析、统计分析、数据相关性判断以及数据显著性检验等方法,得到与公交客车行驶工况能耗特性和线路特征相关的关键参数。

基于上述分析得到能耗特征与线路特征参数,开展公交客车固定线路典型行驶工况合成:应用 K-means 聚类算法分析进行工况聚类分析,应用分类分析对运动学片段进行划分,采用马尔可夫法得到工况合成结果。

基于能耗特征与线路特征参数开展未来行驶工况智能预测,主要依据数据挖掘技术中的回归预测分析算法进行未来行驶工况预测,本书采用支持向量机回归与神经网络回归组合的预测方法,最后介绍针对预测模型精度和鲁棒性的对比分析。

4.2　基于能耗特性的公交线路行驶工况特征参数分析

行驶工况是混合动力客车能量管理策略设计的前提和依据,行驶工况特征影响整车能耗特性,因此行驶工况特征参数与能耗特性的关系分析至关重要。为了评价行驶工况及开展工况特征分析,本节结合固定线路公交客车的行驶特点,确定基于公交线路特点的行驶工况特征参数集,采用回归分析方法选取与能耗特性相关的特征参数,利用相关性分析方法并剔除高度相关的冗余参数,确定与能耗特性相关的工况特征,从而为行驶工况合成和未来行驶工况预测奠定工况特征参数基础。基于能耗特性的行驶工况特征参数分析流程如图 4-3 所示,下面针对各关键步骤进行介绍。

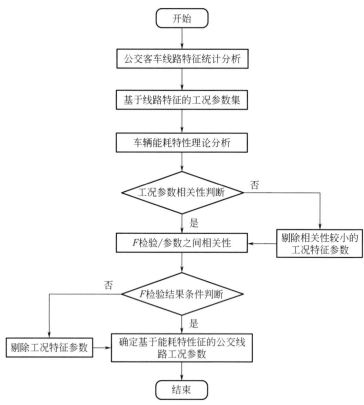

图 4-3　基于能耗特性的行驶工况特征参数分析流程

4.2.1　公交线路特征统计分析

公交客车线路具有站点固定和定点调度发车的运行特点，运行时间及行驶工况都呈现一定的规律性，线路特征对车辆行驶状态也会产生影响。基于车联网平台所获取并处理后的公交线路行驶工况的部分数据如图 4-4 所示。可见，公交线路行驶工况存在较为明显的规律性，每个循环工况的行驶特点都呈现较高的相似性。因此，首先针对公交线路特点，选择相应的量化评价指标作为公交线路的特征参数。

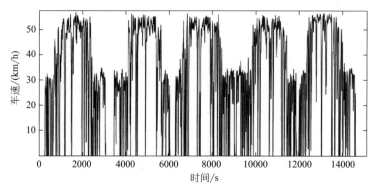

图 4-4　基于车联网平台所获取并处理后的公交线路行驶工况的部分数据

公交线路特征主要包括公交线路站间线路类型、红绿灯数、站间距离的变化情况。本小节所采用的数据为唐山市曹妃甸 102 公交线路，是从曹妃甸幸福花园站至远通农贸市场站，属于城郊-市区线路类型。102 公交线路平均运行时间约 50min，里程约 17km，涵盖幸福花园、国土局、行政审批中心、远通农贸市场等 43 个站点。针对 102 公交线路相关特点进行统计，见表 4-1。线路类型的标记为：0——郊区，1——快速路，2——市区。

表 4-1 曹妃甸 102 公交线路相关特点

编号	站名	线路类型
1	幸福花园	郊区
...	......	......
22	国土局	市区
...	......	......
35	行政审批中心	快速路
...	......	......
43	远通农贸市场	郊区

对 102 公交线路站间的距离、站间红灯数进行标记，统计结果如图 4-5 所示。102 公交线路部分站点信息及站间距离如图 4-6 所示。其中，102 公交线路快速段的公交站间平均距离相对较长；市区段公交站间的红绿灯的平均数量最多，其次为郊区段的公交站点。

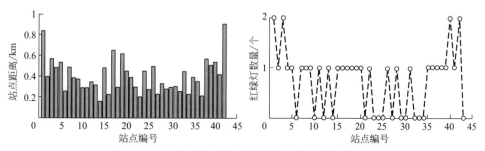

图 4-5 102 公交线路站点距离及站间红灯数统计

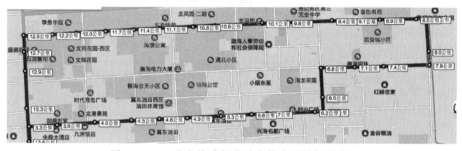

图 4-6 102 公交线路部分站点信息及站间距离

4.2.2 基于公交客车线路特点的行驶工况特征参数集

基于上述对公交线路特征的统计分析，考虑公交线路特点对行驶工况的影响，将固定线路公交客车行驶工况特征参数进行分类，包括公交线路特征参数、行驶工况特征参数两大类，分别与公交线路特点、速度、加速度、车速与加速度的乘积、行驶距离和行驶时间等相关。针对上述基于公交线路特点的特征参数，给出公交线路特征参数的计算方法说明。102 公交线路特征定义及描述如图 4-7 所示。

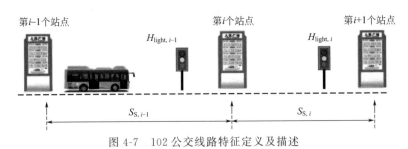

图 4-7 102 公交线路特征定义及描述

基于 4.2.1 小节中对公交线路特征的统计分析，定义公交线路特征参数包括：站间平均车速 v_s、站间最高车速 v_{s_max}、站间加速度均值 $a_{s\_avg\_p}$、站间减速度均值 $a_{s\_avg\_n}$，因此线路停车次数 S_s、站间红灯密度 ρ_{s_r}、站点密度 ρ_s 可表示为

$$S_s = \frac{n_{stop,i}}{S_{s,i}} \tag{4-1}$$

$$\rho_{s\_r} = \frac{H_{light,i}}{S_{s,i}} \tag{4-2}$$

$$\rho_s = \frac{1}{S_{s,i} + S_{s,i-1}} \tag{4-3}$$

式中，$H_{light,i}$ 为站间红灯次数；$S_{s,i}$ 为站间距离；$n_{stop,i}$ 为停车次数。

最终，初步选定 30 个参数作为公交客车线路特点的工况特征参数集，如表 4-2 所示。

表 4-2 基于公交线路特点的工况特征参数定义及计算方法

编号	分类	符号	单位	表示含义	计算方法
1	公交线路特征参数	v_s	km/h	站间平均车速	$v_s = \frac{1}{k}\sum_{m=1}^{k} v_m$
2		v_{s_max}	km/h	站间最高车速	$v_{s\_max} = \{v_1, v_2, \cdots, v_i\}_{max}$
3		$a_{s\_avg\_p}$	m/s²	站间加速度均值	$a_{s\_avg\_p} = \frac{1}{k}\sum_{m=1}^{k} a_m, a_m > 0$
4		$a_{s\_avg\_n}$	m/s²	站间减速度均值	$a_{s\_avg\_n} = \frac{1}{k}\sum_{m=1}^{k} a_m, a < 0$

续表

编号	分类	符号	单位	表示含义	计算方法
5	公交线路特征参数	S_s	—	线路停车次数	$S_s = \dfrac{n_{stop,i}}{S_{s,i}}$
6		ρ_{s_r}	—	站间红灯密度	$\rho_{s\_r} = \dfrac{H_{light,i}}{S_{s,i}}$
7		ρ_s	—	站点密度	$\rho_s = \dfrac{1}{S_i + S_{i-1}}$
8		P_i	—	怠速比例	$P_i = \dfrac{t_i}{T} \times 100$
9		P_a	—	加速比例	$P_a = \dfrac{t_a}{T} \times 100$
10		P_c	—	巡航比例	$P_c = \dfrac{t_c}{T} \times 100$
11		P_d	—	减速比例	$P_d = \dfrac{t_d}{T} \times 100$
12	车辆行驶特征参数	v_{mr}	km/h	平均行驶车速	$v_{mr} = \dfrac{1}{k}\sum\limits_{m=1}^{k} v_m$
13		v_{std}	km/h	车速标准差	$v_{std} = \sqrt{\dfrac{1}{k}\sum\limits_{i=1}^{k}(v_i - v_{mr})}$
14		f_{va}	m²/s³	速度乘以加速度的方差	$f_{va} = \dfrac{1}{n}\sum\limits_{i=1}^{n}(va_i - va_{me})^2$
15		va_{avg}	m²/s³	速度乘以加速度的平均值	$va_{max} = \{va_1, va_2, \cdots, va_T\}_{max}$
16		a_{max}	m/s²	最大加速度	$a_{max} = \dfrac{1}{k}\sum\limits_{m=1}^{k} v_m$
17		a_{std}	m/s²	加速度标准差	$a_{std} = \sqrt{\dfrac{1}{k}\sum\limits_{i=1}^{k}(a_i - \overline{a}_{avg})}$
18		$P_{t_{0\sim 10}}$	—	0~10km/h 车速比例	$P_{t_{0\sim 10}} = \dfrac{t_{0\sim 10}}{T} \times 100$
19		$P_{t_{10\sim 20}}$	—	10~20km/h 车速比例	$P_{t_{10\sim 20}} = \dfrac{t_{10\sim 20}}{T} \times 100$
20		$P_{t_{20\sim 30}}$	—	20~30km/h 车速比例	$P_{t_{20\sim 30}} = \dfrac{t_{20\sim 30}}{T} \times 100$
21		$P_{t_{30\sim 40}}$	—	30~40km/h 车速比例	$P_{t_{30\sim 40}} = \dfrac{t_{30\sim 40}}{T} \times 100$
22		$P_{t_{40\sim 50}}$	—	40~50km/h 车速比例	$P_{t_{40\sim 50}} = \dfrac{t_{40\sim 50}}{T} \times 100$
23		$P_{t_{50\sim 60}}$	—	50~60km/h 车速比例	$P_{t_{50\sim 60}} = \dfrac{t_{50\sim 60}}{T} \times 100$

续表

编号	分类	符号	单位	表示含义	计算方法
24	车辆行驶特征参数	$P_{t_{0\sim 20}}$	—	0~20km/h 车速比例	$P_{t_{0\sim 20}} = \dfrac{t_{0\sim 20}}{T} \times 100$
25		$P_{t_{30\sim 50}}$	—	30~50km/h 车速比例	$P_{t_{30\sim 50}} = \dfrac{t_{30\sim 50}}{T} \times 100$
26		S	km	行驶里程	S
27		T	s	行驶时间	T
28		$a_{\text{dec\_max}}$	m/s²	最大减速度	$a_{\text{dec\_max}} = \{a_1, a_2, \cdots, a_t\}_{\max}$
29		$va_{\max}$	m²/s³	速度乘以加速度的最大值	$va_{\max} = \{va_1, va_2, \cdots, va_T\}_{\max}$
30		$a_{\text{dec\_s}}$	m/s²	减速度标准差	$a_{\text{dec\_s}} = \dfrac{1}{k}\sum\limits_{m=1}^{k} v_m$

4.2.3 车辆能耗特性与工况特征关系分析

车辆在循环工况行驶中所需的能量为车轮处驱动车辆的驱动能量，常用比能量来衡量不同行驶工况下所消耗的能量，也称为比能耗。由于上述定义基于传统车辆特点给出，而混合动力客车能够实现制动能量的回收，相应改变了车轮处消耗的能量，因此本小节结合再生制动功能给出混合动力客车比能耗的定义和理论推导。

车辆在行驶工况中的比能量描述为车辆车轮处的驱动能量与行驶里程的比值，是衡量车辆对行驶工况中能量需求的指标，比能量越高表明车辆对于需求的能量越大。

根据上述定义，比能量的表达式为

$$\overline{F}_{\text{trac}} = \frac{1}{x_{\text{tot}}} \int_{t \in \tau_{\text{trac}}} F_{(t)} v(t) \mathrm{d}t \tag{4-4}$$

式中，F_t 为车轮处纵向动力学的驱动力；x_{tot} 为行驶工况的总里程。

由于采集的行驶工况数据地处华北平原地区，忽略坡度对车辆的影响，比能量可以表示为克服行驶阻力之和的比能量，则有

$$\overline{F}_{\text{trac}} = \overline{F}_{\text{air}} + \overline{F}_{\text{r}} + \overline{F}_{\text{m}} \tag{4-5}$$

式中，$\overline{F}_{\text{air}}$、$\overline{F}_{\text{r}}$、$\overline{F}_{\text{m}}$ 分别为克服空气阻力、滚动阻力和加速阻力的比能量，具体如下。

$$\overline{F}_{\text{air}} = \frac{1}{x_{\text{tot}}} \int_{t \in \tau_{\text{trac}}} \frac{1}{2} \rho_{\text{a}} c_{\text{d}} A_{\text{f}} v^3(t) \mathrm{d}t \tag{4-6}$$

$$\overline{F}_{\mathrm{r}} = \frac{1}{x_{\mathrm{tot}}} \int_{t \in \tau_{\mathrm{trac}}} mgf_{\mathrm{r}} v(t) \mathrm{d}t \tag{4-7}$$

$$\overline{F}_{\mathrm{m}} = \frac{1}{x_{\mathrm{tot}}} \int_{t \in \tau_{\mathrm{trac}}} \delta m a(t) v(t) \mathrm{d}t \tag{4-8}$$

从上述分析可以看出，比能耗与行驶工况特征参数式存在相应的关系，定义以下用于评估行驶特点的度量指标参数，即 $\phi[v(t)]$、$\varphi[v(t)]$、$\gamma[v(t)]$ 如下。

$$\phi[v(t)] = \frac{\overline{F}_{\mathrm{air}}}{\frac{1}{2}\rho_{\mathrm{a}} c_{\mathrm{d}} A_{\mathrm{f}}} = \frac{1}{x_{\mathrm{tot}}} \int_{t \in \tau_{\mathrm{trac}}} v^3(t) \mathrm{d}t \tag{4-9}$$

$$\varphi[v(t)] = \frac{\overline{F}}{mgc_{\mathrm{r}}} = \frac{1}{x_{\mathrm{tot}}} \int_{t \in \tau_{\mathrm{trac}}} v(t) \mathrm{d}t = \frac{x_{\mathrm{trac}}}{x_{\mathrm{tot}}} \tag{4-10}$$

$$\gamma[v(t)] = \frac{\overline{F}_{\mathrm{m}}}{m} = \frac{1}{x_{\mathrm{tot}}} \int_{t \in \tau_{\mathrm{trac}}} a(t) v(t) \mathrm{d}t \tag{4-11}$$

式中，x_{trac} 为循环行驶工况中驱动过程行驶的距离。

结合混合动力系统再生制动功能给出混合动力客车比能耗的定义，如下所示。

$$\overline{F}_{\mathrm{t,hev}} = \overline{F}_{\mathrm{trac}} - \xi(\overline{F}_{\mathrm{air}} + \overline{F}_{\mathrm{r}} + \overline{F}_{\mathrm{m}}) \tag{4-12}$$

式中，ξ 为再生制动回收比例。

混合动力客车制动能量回收受到轴荷、电机效率、电池充电功率等因素的影响。

从以上述分析可知，混合动力系统的比能耗也与车速、加速度、行驶里程等呈现相关性，为更加细致分析基于固定线路混合动力公交客车的比能耗，需要全面开展基于公交线路特点的行驶工况特征参数集的量化分析，进而找到与比能耗相关的关键特征参数。基于此，运用 4.1 节中介绍的数据挖掘理论中的相关性分析、回归分析方法建立基于公交线路特点的工况特征参数与比能耗之间的多元回归分析模型，假设车辆比能耗 $\overline{F}_{\mathrm{t,hev}}$ 与工况特征参数 x_1，x_2，…，x_{30} 的线性回归模型如下。

$$\overline{F}_{\mathrm{t,hev}} = \begin{bmatrix} \overline{F}_{\mathrm{t,hev1}} \\ \overline{F}_{\mathrm{t,hev1}} \\ \vdots \\ \overline{F}_{\mathrm{t,hev1}} \end{bmatrix} = \begin{bmatrix} 1 & x_{1,1} & x_{1,2} & \cdots & x_{1,30} \\ 1 & x_{2,1} & x_{2,2} & \cdots & x_{2,30} \\ \vdots & \vdots & \vdots & \vdots & \vdots \\ 1 & x_{30,1} & x_{30,1} & \cdots & x_{30,30} \end{bmatrix} \times \begin{bmatrix} \beta_0 \\ \beta_1 \\ \vdots \\ \beta_{30} \end{bmatrix} + \begin{bmatrix} \alpha_1 \\ \alpha_2 \\ \vdots \\ \alpha_{30} \end{bmatrix}$$

$$\tag{4-13}$$

由上述回归模型得出工况特征参数与比能耗的对应关系的散点图，如图 4-8 所示。

由图 4-8 可见，站间加速度均值、最大减速度、减速度标准差等特征参数与车辆比能耗呈现明显的线性相关性。为了进一步量化分析工况样本的比能量与特征参数之间的相关性，需要计算车辆比能量与每个工况特征参数之间的相

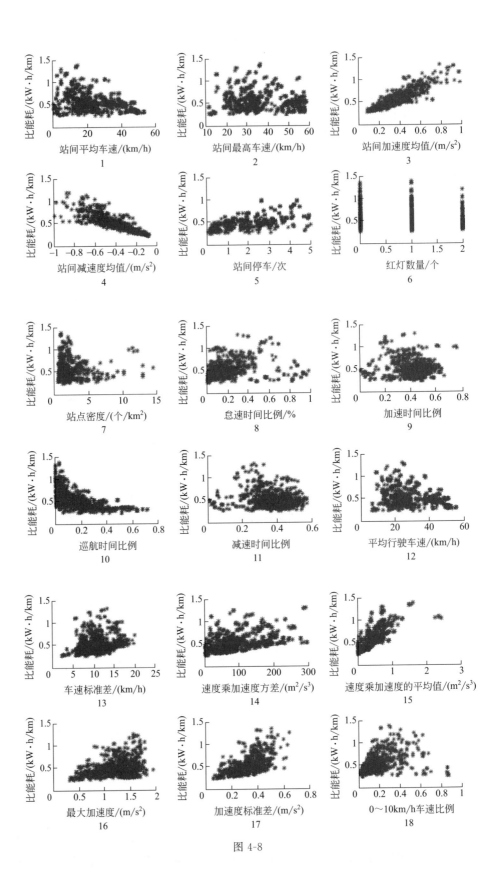

图 4-8

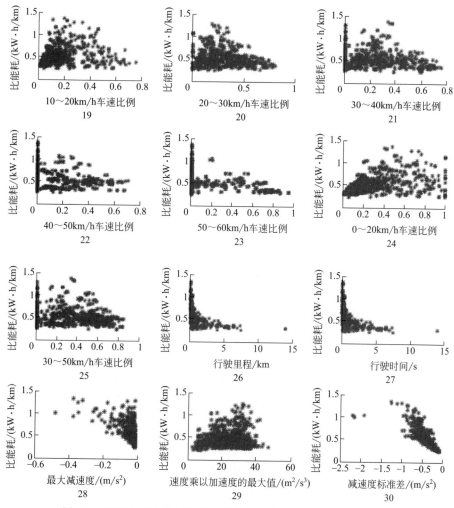

图 4-8 基于公交线路特点的工况特征参数与比能耗的对应关系

关系数,首先定义相关系数矩阵。

$$\boldsymbol{P} = \begin{bmatrix} \rho_{11} & \rho_{12} & \cdots & \rho_{1n} \\ \rho_{21} & \rho_{12} & \cdots & \rho_{2n} \\ \vdots & \vdots & \vdots & \vdots \\ \rho_{n1} & \rho_{n2} & \cdots & \rho_{nn} \end{bmatrix} \tag{4-14}$$

式中,$\rho_{ij}(i,j=1,2,\cdots,n)$ 为因变量 y 与自变量 x 之间的相关系数,其中 $\rho_{ij}=\rho_{ji}(i,j=1,2,\cdots,n)$,其计算表达式为

$$\rho_{y,x} = \frac{\text{Cov}(y,x)}{\sigma_y \sigma_x} \tag{4-15}$$

式中,$\text{Cov}(y,x)$ 为因变量 y 与自变量 x 之间的协方差;σ_y 和 σ_x 分别为 y 的方差及 x 的方差;$\rho_{ij}=-1$ 时,表示 x_i 与 x_j 完全负相关,$\rho_{ij}=1$ 时,表示 x_i 与 x_j 完全正相关。计算得到各特征参数与比能耗的相关系数,如图 4-9 所示。

由图 4-9 可见,站间正向加速度、站间平均车速、速度乘以加速度方差等

参数呈正相关,站间减速度、巡航比例时间等参数呈负相关。为了剔除与车辆比能耗相关性不大的特征参数,选取$|\rho_{ij}|\geqslant 0.5$的特征参数作为与车辆比能耗相关的特征向量参数,定义该线路工况与车辆比能耗相关的特征向量为

$$\boldsymbol{X} = \{v_s, a_{s\_avg\_p}, a_{s\_avg\_n}, S_s, P_c, f_{va}, va_{avg}, a_{std}, a_{dec\_max}\} \quad (4\text{-}16)$$

该线路工况特征参数与车辆比能耗相关的特征参数为:1——站间平均车速,3——站间加速度平均值,4——站间减速度平均值,5——线路停车次数,10——巡航比例,14——速度乘以加速度方差,15——速度乘以加速度平均值,17——加速度标准差,28——减速度最大值。

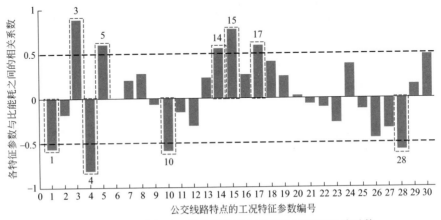

图 4-9 公交线路行驶工况特征参数与车辆比能耗的相关系数

4.2.4 基于能耗回归分析模型的工况特征参数筛选

通过回归分析方法得到与车辆比能耗高度线性相关的特征参数,由于与车辆比能耗线性相关的参数可能存在冗余,因此需要对初步得到的参数集进行降维,以减少后续特征参数应用时的复杂程度。首先,定义任意两个工况特征参数之间的相关系数为

$$\varphi_{ij} = \frac{\sum_{k=1}^{N}(x_{ki}-x_i)(x_{kj}-x_j)}{\sqrt{\sum_{k=1}^{N}(x_{ki}-x_i)^2}\sqrt{\sum_{k=1}^{N}(x_{kj}-x_j)^2}} \quad (4\text{-}17)$$

式中,$\varphi_{ij}(i,j=1,2,\cdots,n)$为任意两个特征参数$x_i$与自变量$x_j$之间的相关系数,其中$\varphi_{ij}=\varphi_{ji}(i,j=1,2,\cdots,n)$。由此计算得到与比能量相关的特征参数之间的相关系数,见表 4-3。

表 4-3 与比能量相关的特征参数之间的相关性分析

φ_{ij}	1	3	4	5	10	14	15	17	28
1	1								
3	0.36	1							
4	0.2	0.63	1						

续表

φ_{ij}	1	3	4	5	10	14	15	17	28
5	0.56	0.55	0.33	1					
10	0.74	0.56	0.50	0.46	1				
14	0.38	0.39	0.70	0.13	0.04	1			
15	0.03	0.72	**0.88**	0.21	0.36	**0.81**	1		
17	0.04	0.76	0.47	0.3	0.24	0.44	0.66	1	
28	0.27	0.45	0.61	0.53	0.36	0.27	0.45	0.24	1

当两个变量之间的相关系数的绝对值大于或等于 0.8 时，认为两者高度相关，可以相互替换。基于表 4-3 的结果，针对与比能耗相关的特征参数，定义与其高度相关的特征参数集合 U，如下所示。

$$U = \{4, 14, 15\} \tag{4-18}$$

针对高度相关的特征集 U，进一步采用 F 检验的方法，比较两个特征参数对于因变量比能耗的影响。根据回归系数显著性 F 检验原理，通过总偏差平方和的分解式，得到 F 检验统计量公式为

$$F = \frac{\dfrac{\sum\limits_{i=1}^{n}(\hat{y_i} - \bar{y})^2}{p}}{\dfrac{\sum\limits_{i=1}^{n}(y_i - \hat{y_i})^2}{n-p-1}} \tag{4-19}$$

设定显著性水平 α，当 $F > F_\alpha(p, n-p-1)$ 时，认为在显著性水平 α 下，因变量与自变量之间有显著的线性关系，即回归方程是显著的。

综上，通过设定显著性水平 α，对特征数 4——站间减速度均值、14——速度乘以加速度方差、15——速度乘以加速度平均值开展 F 检验得出：15——速度乘以加速度平均值与车辆比能耗的显著水平明显高于其他两个特征数，因此剔除其他两个特征参数。

最终，定义该线路工况与车辆比能耗相关的特征向量为

$$\boldsymbol{X} = \{v_s, a_{\text{s\_avg\_p}}, S_s, P_c, va_{\text{avg}}, a_{\text{std}}, a_{\text{dec\_max}}\} \tag{4-20}$$

与车辆比能耗相关的该线路工况特征参数为：1——站间平均车速，3——站间加速度平均值，5——线路停车次数，10——巡航比例，15——速度乘以加速度平均值，17——加速度标准差，28——减速度最大值。

4.3 基于能耗特征与线路特征参数的固定线路行驶工况合成

基于 4.2 节能耗特性和公交线路特点确定的行驶工况特征参数的分析，结合固定线路公交客车行驶工况数据的历史维度考虑，采用基于能耗特性与线路特征参数的固定线路行驶工况合成，如图 4-10 所示。主要包括：首先根据上述

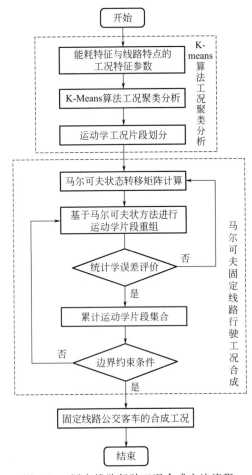

图 4-10 固定线路行驶工况合成方法流程

分析的工况特征参数，基于 K-means 算法开展工况聚类分析确定运动学片段的划分，之后利用马尔可夫法进行固定线路的工况合成。

4.3.1 基于 K-Means 算法的工况聚类分析

行驶工况运动学片段划分是进行马尔可夫工况合成方法的基础，运动学片段的分类数量决定了马尔可夫状态转移矩阵的维度，分类数量不同将会导致状态转移矩阵的不同，进而产生不同的典型工况合成结果，影响合成结果的准确性和代表性。

行驶工况的运动学片段划分通常采用聚类分析方法进行，工程研究具有良好的应用基础。4.1 节数据挖掘方法中给出了聚类分析基本介绍，结合行驶工况运动学片段划分的特点，本小节选择基于划分方法的聚类分析。K-means 算法是划分方法聚类分析的典型算法，适用于大样本数据，可以克服谱系聚类的缺陷，使分类结果更加合理。因此，本小节采用基于 K-means 算法进行行驶工况运动学片段的聚类分析。

首先,给出运动学片段相同分类的依据,邻近性度量指标欧几里得距离的定义。假设两个样本 x_i 和 x_j,两者的欧式距离为

$$D_{ij}=\left[\sum_{m=1}^{k}(x_{im}-x_{jm})^2\right] \tag{4-21}$$

式中,x_{im} 及 x_{jm} 的特征向量分别用 $(x_{i1},x_{i2},\cdots,x_{ik})$ 和 $(x_{j1},x_{j2},\cdots,x_{jk})$ 表示。收敛条件满足准则函数

$$\text{SSE}_{\text{kmeas}}=\sum_{k=1}^{K}\sum_{x\in C_i}\text{dist}(X,c_i)^2=\sum_{k=1}^{K}\sum_{x\in C_i}\|X-c_i\| \tag{4-22}$$

式中,$\text{dist}(X,c_i)$ 为对象 X 与簇的代表 c_i 之差;dist 为 D 中任意两对象间的欧氏距离;$\text{SSE}_{\text{kmeas}}$ 为 D 中所有对象的误差平方和;c_i 为对应 C_i 的聚类中心。

为合理地对聚类效果进行评价分析,通常采用轮廓系数评估法(Silhoiette Coefficient,SC)。假设数据 x 与 x' 所属簇的其他对象之间的平均距离定义为 $a(x)$;$b(x)$ 是 x 到不属于 x' 的所有簇的最小平均距离,则 $a(x)$、$b(x)$ 和轮廓系数 $S(i)$ 分别定义如下。

$$a(x)=\frac{\sum_{x'\in C_i,x\neq x'}\|x-x'\|}{|C_i|-1} \tag{4-23}$$

$$b(x)=\min_{C_j:1\leqslant i\leqslant K,x'\neq x}\left\{\frac{\sum_{x'\in C_j}\|x-x'\|}{|C_j|}\right\} \tag{4-24}$$

$$S(i)=\frac{b(i)-a(i)}{\max\{b(i),a(i)\}}=\begin{cases}1-\dfrac{a(i)}{b(i)} & a(i)>b(i)\\ 0 & a(i)=b(i)\\ \dfrac{b(i)}{a(i)}-1 & a(i)<b(i)\end{cases} \tag{4-25}$$

式中,$a(i)$ 为第 i 个样本与同一聚类结果中其他样本的最大距离;$b(i)$ 为第 i 个样本与其他类中所有样本的最小距离。

基于轮廓系数可以确定最佳的聚类中心数量。通过数据内聚度和分离度来表征聚类分析效果。$S(i)$ 越接近 1,说明该样本分类结果越合理;$S(i)$ 越接近 -1,说明该样本分类越不准确;若 $S(i)$ 接近零,说明该样本处于在两个聚类结果的边界位置。

结合上述聚类效果的轮廓系数评估方法,计算得到运动学聚类类别分别为 3 类、5 类、7 类和 9 类的轮廓系数图,如图 4-11 所示。

由图 4-11 可见,工况片段聚类类别为 7 和 9 时,轮廓系数小于 0 的明显较多;工况片段的聚类类别为 3 和 5 时,轮廓系数小于 0 的部分相对较少,聚类效果较好。而由于工况片段的聚类类别较少时,并不能全面地对固定线路公交客车行驶工况进行细致分类,从而影响马尔可夫工况合成的效果,综上分析,本章选定聚类类别为 5 类。

为了更直观地理解真实工况的构成,绘制出基于工况运动学片段的聚类分析结果在平均行驶车速-最高车速-巡航比例三维坐标下的坐标图,以展现工况划

分的结果,如图 4-12 所示。

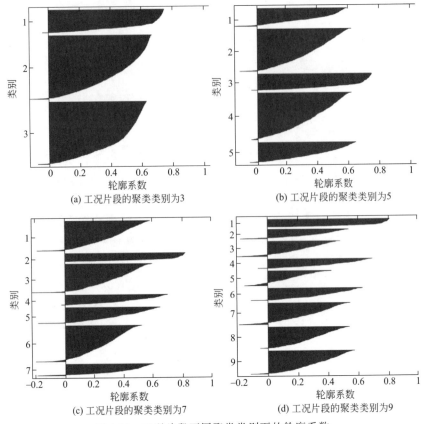

(a) 工况片段的聚类类别为3

(b) 工况片段的聚类类别为5

(c) 工况片段的聚类类别为7

(d) 工况片段的聚类类别为9

图 4-11 工况片段不同聚类类别下的轮廓系数

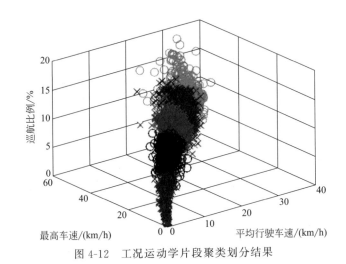

图 4-12 工况运动学片段聚类划分结果

4.3.2 马尔可夫链状态转移矩阵

车辆行驶工况过程是随时间变化的离散马尔可夫过程,因此行驶工况具有马尔可夫性，假设该系统由随机状态序列$[X_1, X_2, X_3, \cdots X_n]$组成，那么该系统的马尔可夫性可以表示为

$$P(X_{n+1}=x_{n+1}|X_1=x_1, X_2=x_2, \cdots, X_n=x_n) = P(X_{n+1}=x_{n+1}|X_n=x_n) \tag{4-26}$$

式中，X_n为马尔可夫链的状态空间，即对应各个行驶工况的分类集合。

定义条件概率$p_{ij}=P(X_{n+1}=j|X_n=i)$，当一个马尔可夫链具有$k$个状态时，该系统将拥有$k^2$个状态转移概率，如下所示。

$$P = \begin{bmatrix} p_{11} & p_{21} & \cdots & p_{1j} & \cdots & p_{1n} \\ p_{21} & p_{22} & \cdots & p_{2j} & \cdots & p_{2n} \\ \vdots & \vdots & \ddots & \vdots & \ddots & \vdots \\ p_{i1} & p_{i2} & \cdots & p_{ij} & \cdots & \cdots \\ \vdots & \vdots & \ddots & \vdots & \ddots & \vdots \\ p_{n1} & p_{n2} & \cdots & p_{nj} & \cdots & p_{nn} \end{bmatrix} \tag{4-27}$$

式中，P为马尔可夫链的状态转移矩阵，状态转移矩阵P中所有项都非负。状态转移概率p_{ij}的物理意义表征为，系统当前阶段处于第i类运动学片段时，下一阶段转移到第j类运动学片段的概率。

考虑行驶工况数据样本较大，本小节采用最大似然估计实现状态转移概率矩阵的计算。对于大量可重复观测结果，若N_{ij}为观测得到的从第i类运动片段转移到第j类运动学片段，那么可以利用最大似然估计得到p_{ij}的计算式。

$$p_{ij} = \frac{N_{ij}}{\sum_j N_{ij}} \tag{4-28}$$

$$\sum_j p_{ij} = \sum_j P(X_{n+1}=x_j|X_n=x_i) = 1, \forall i \tag{4-29}$$

式中，N_{ij}为观测得到的从第i类运动片段转移到第j类运动学片段。

4.3.3 公交线路行驶工况合成结果分析

第3章中通过对车联网平台获取的数据进行了数据处理，得到处理后的固定线路公交客车一周的工况数据，数据量每天大约7h。以此作为行驶工况合成算法的输入，基于本章所采用的固定线路行驶工况合成方法，最终得到可以代表该公交线路的典型行驶工况，固定线路行驶合成工况结果如图4-13所示。由图4-13可知，合成工况的最高车速小于60km/h，运行时间约3000s，与线路实际工况特征基本一致。

为衡量合成工况方法的有效性，应从行驶工况特征参数和行驶工况的车速-加速度联合概率密度两个层面考虑，对比分析固定线路合成工况数据和原始工况数据，从而对固定线路行驶工况合成方法做出合理性评价。

行驶工况特征参数的选择应较为全面地反映车辆行驶过程的加速、减速、匀速和怠速停车等情况，此处基于3.3.2小节中选取的工况特征参数评价指标，得到合成工况数据和原始工况数据的对比结果，见表4-4。

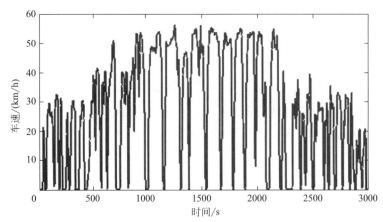

图 4-13 固定线路行驶合成工况结果

表 4-4 行驶工况数据误差评价指标对比

行驶工况特征参数	原始工况数据	合成工况数据	误差
平均车速/(km/h)	32.3	32.1	0.2
最高车速/(km/h)	56.8	56.5	0.3
车速标准差/(km/h)	15.4	15.3	0.1
平均加速度/(m/s^2)	0.26	0.25	0.01
最大加速度/(m/s^2)	1.95	1.90	0.05
平均减速度/(m/s^2)	−0.289	−0.29	0.001
怠速比例/%	11.6	11.2	0.4
加速比例/%	44.2	44.5	0.3
巡航比例/%	25.5	25.0	0.5

通过对比原始工况数据和合成工况数据的工况特征参数，发现两者误差在 0.5 以内，说明合成工况能够较好地反映该固定线路的行驶工况特征。此外，由于车速-加速度联合概率密度能更加准确地描述行驶工况中的任意一点状态。因此，进一步对比原始数据工况与合成工况数据的车速-加速度联合概率密度，如图 4-14 所示。可见，两者车速-加速度联合概率密度分布基本一致。

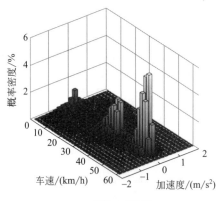

(a) 原始工况数据　　　　　　　　(b) 合成工况数据

图 4-14 车速-加速度联合概率密度对比

综上，通过以上对比行驶工况特征参数的误差和行驶工况的车速-加速度联合概率密度分布，可以得出合成工况能够较好地反映原始工况的数据特征，从而说明本章所采用的固定线路行驶工况合成方法的有效性和合理性。

4.4 基于能耗特征与线路特征参数的未来行驶工况智能预测

基于上述章节的能耗特征和公交线路特点确定的行驶工况特征参数，本节利用数据挖掘技术中的预测分析算法进行未来行驶工况预测，为解决当前工况预测精度的问题，采用一种基于最小二乘支持向量机（Least Squares Support Vector Machines，LS-SVM）预测和 BP 神经网络（Back Propagation Neural Network，BP-NN）误差修正的智能预测算法，并对影响工况预测精度的因素，从输入时间窗、预测时域和滚动时域进行分析讨论。

4.4.1 基于 LS-SVM 和 BP-NN 的智能预测模型

经本书 1.3.2 小节对当前工况预测研究文献进行的详细调研得出：以马尔可夫预测方法为代表的随机预测方法存在车速预测精度不足的问题，神经网络预测方法能获得较高的预测精度，但训练样本限时算法泛化能力有所下降，导致无法得到预期结果。

支持向量机具有较强的学习能力，收敛速度快，在解决有限样本、非线性回归估计问题方面具有明显优势。固定线路公交客车行驶工况，虽然存在较为明显的规律性，但也存在复杂多变的特点，这对预测模型的预测精度和鲁棒性都提出了很高的要求。基于此，本小节采用一种基于 LS-SVM 的预测方法，同时结合 BP-NN 对预测值进行修正的未来工况智能预测模型，具体方法如图 4-15 所示。

LS-SVM 和 BP-NN 的未来行驶工况智能预测模型，其核心思想为：基于 LS-SVM 工况预测模型，得到未来工况的预测值，由于预测的车速与实际真实仍存在一定的偏差，用 BP 神经网络建立预测值与误差之间的非线性拟合关系，对预测结果进一步修正，减小误差，更加接近真实车速。最终预测结果表示为

$$V_f = V_p + V_e \tag{4-30}$$

首先说明 LS-SVM 工况预测模型建模的核心思想，假设给定一组训练样本集 $\{(X_i, y_i)\}$，其中，$i=1,\cdots,n$，n 为训练样本的容量，$x_i \in R^n$ 为样本输入向量，$y_i \in R$ 为相应的输出值。通过非线性映射 $\phi(x)$，将训练样本映射到高维特征空间，此时回归函数为

$$f(x) = \omega\phi(x) + b \tag{4-31}$$

式中，ω 为权向量；b 是偏执量；$\phi(x)$ 为从低维空间到高维空间的映射。

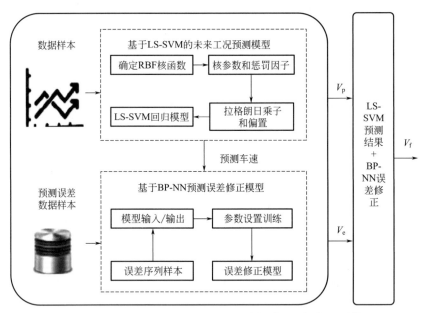

图 4-15 基于 LS-SVM 和 BP-NN 的未来行驶工况智能预测模型

LS-SVM 的最优回归估计函数是在一定约束条件下的最小化泛函，如下所示。

$$\min_{\omega,e} J(\omega,e,b) = \frac{1}{2}\omega^T\omega + C\sum_{i=1}^{N}e_i^2 \tag{4-32}$$

$$\text{s.t.} \quad y_i = \omega^T\varphi(x_i) + b + e_i, i=1,2,\cdots,l \tag{4-33}$$

式中，e_i 为误差；$e_i \in R^{l\times 1}$ 为误差向量；C 为正则化参数，控制误差的惩罚程度。

基于拉格朗日乘子法将问题转化到其对偶空间并进行优化求解，引入拉格朗日乘子 λ，$\lambda \in R^{l\times 1}$，式(4-32) 转化为

$$L(\omega,b,e,\lambda) = J(\omega,b,e) - \sum_{i=1}^{l}\lambda[\omega^T\phi(x_i) + b + e_i - y_i] \tag{4-34}$$

进一步，根据卡罗需-库恩-塔克（KKT）条件，可得

$$\begin{cases} \dfrac{\partial J}{\partial \omega} = 0 \rightarrow \omega = \sum_{i=1}^{l}\lambda_i\phi(x_i) \\ \dfrac{\partial J}{\partial b} = 0 \rightarrow \sum_{i=1}^{l}\lambda_i = 0 \\ \dfrac{\partial J}{\partial e_i} = 0 \rightarrow \lambda_i = Ce_i \\ \dfrac{\partial J}{\partial \lambda_i} = 0 \rightarrow \omega^T\phi(x_i) + b + e_i - y_i = 0 \end{cases} \tag{4-35}$$

消去 ω 和 e，则式(4-35) 可用矩阵形式表示为

$$\begin{bmatrix} 0 & 1 & \cdots & 1 \\ 1 & K(x_1,x_1)+C^{-1} & \cdots & K(x_1,x_M) \\ \vdots & \vdots & \ddots & \vdots \\ 1 & K(x_M,x_1) & \cdots & K(x_M,x_M)+C^{-1} \end{bmatrix} \begin{bmatrix} b \\ \lambda_1 \\ \vdots \\ \lambda_M \end{bmatrix} = \begin{bmatrix} 0 \\ y_1 \\ \vdots \\ y_M \end{bmatrix} \quad (4\text{-}36)$$

式中，K 为适应的核函数，且 $K(x_i,x_j)=\phi(x_i)^T\phi(x_j)$。用原空间中的核函数代替高维特征空间的点积运算，可得 LS-SVM 回归估计函数模型为

$$f(x)=\sum_{i=1}^{n}\lambda_i K(x_i,x)+b \quad (4\text{-}37)$$

式中，λ_i 和 b 可通过式(4-36) 利用最小二乘法求出。$K(x_i,x)=\phi(x_i)^T\phi(x)$ 为 LS-SVM 的核函数，表示从样本输入空间，通过非线性映射到高维空间的核函数。

基于径向基函数（Radial Basis Function，RBF）核函数解析计算简单等优点，本小节采用 RBF 核函数作为 LS-SVM 模型中的核函数。选定核函数为 RBF 径向基核函数，由此可得

$$K(x_i,x_j)=\exp\left(-\frac{\|x_i-x_j\|}{2\sigma^2}\right) \quad (4\text{-}38)$$

式中，x_j 为第 j 个高斯基函数的中心；σ 为标准化参数，决定高斯函数中心点的宽度。

建立 BP 神经网络模型拟合预测值与误差之间的非线性关系，主要依据三层结构反向神经网络，即输入层、隐藏层和输出层，如图 4-16 所示。应用三层结构的 Sigmoid 激励函数，BP 神经网络可以拟合任意精度非线性函数。BP 神经网络模型的基本关系如下。

$$a^1=\text{tansig}(n)=\frac{e^n-e^{-n}}{e^n+e^{-n}}n=Wa^0+b \quad (4\text{-}39)$$

式中，a^1 及 a^0 分别为输出神经元的当前层和上层；W 为权重因子；b 为偏置值。

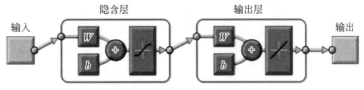

图 4-16 BP-NN 的结构示意

4.4.2 未来工况智能预测模型对比

本小节所提出的未来工况智能预测模型，本质上属于一种基于数据驱动的预测算法，数据样本的数量和质量对于预测结果的影响明显。因此，首先对用于工况预测的数据样本进行说明。第 3 章中通过对车联网获取的数据进行处理后，得到处理后固定线路公交客车一周的工况数据，如图 4-17 所示。4.2 节中

对于公交线路特征进行统计分析得出,线路行驶工况存在较为明显的规律性,每个循环工况的行驶特点呈现较高的相似性,根据七天的工况数据样本可以看出,行驶工况中有较为明显的停止周期。公交客车的最高速度小于60km/h,公交客车每天正常行车时间在7h以下。

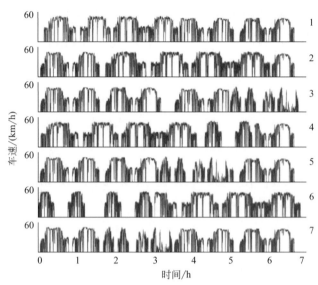

图 4-17　固定线路公交客车七天行驶工况数据信息

基于以上行驶数据,选择6天的数据作为训练样本,随机选择其中一天中的一个工况循环作为测试。LS-SVM模型的输入参数包括工况特征参数和临界点过去相邻车速,其中工况特征参数为4.2节中确定与比能耗相关的工况特征参数;输出为预测时域内的未来行驶工况车速。

根据前述BP-NN的预测修正算法的原理,确定其训练模型的输入/输出参数,输入参数为LS-SVM模型的预测结果,输出参数为LS-SVM预测值和真实值的差值,通过BP-NN建立预测值与预测误差的拟合关系。

为充分验证本章提出的预测模型的效果,与常用的智能预测方法进行对比分析,同时建立SVM工况预测模型、RBF-NN工况预测模型和BP-NN工况预测模型,以预测未来3s工况的车速为例进行对比说明分析,预测结果如图4-18所示。可以看出,增加预测误差修正后,预测结果更加接近实际车速,预测效果得到进一步提升。

为合理对比评价四种预测方法的预测效果,对比四种预测方法的均方根误差(RMSE),如图4-19所示。

由图4-19可见,所提出的基于LS-SVM和BP-NN的智能预测模型,预测结果的均方根误差相对较小,预测效果更好,预测车速更加接近真实车速,SVM预测模型和BP-NN预测模型的预测结果相对接近,其中SVM预测模型要优于BP-NN预测模型。

为进行细致的量化对比,从预测结果精度和预测模型训练时间两个方面讨论,其中预测结果精度采用误差评价指标对比,基于3.3节中给出的平均绝对误差、均方根误差,结果对比见表4-5。由表4-5可见,本章提出的未来行驶工

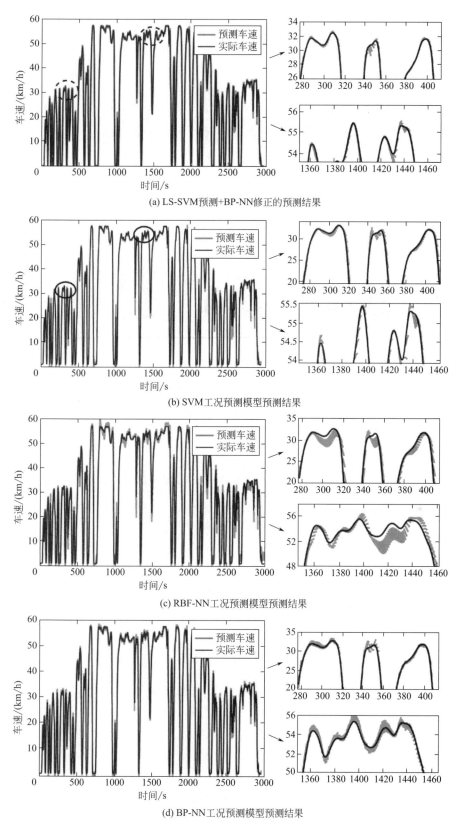

图 4-18 不同工况预测模型预测结果的对比分析

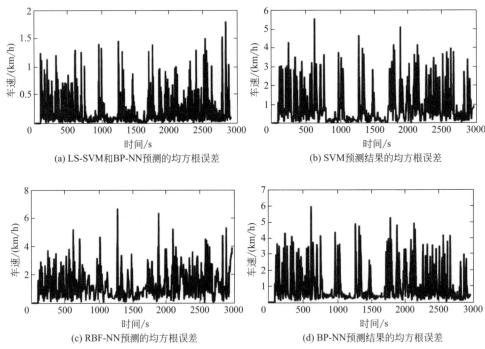

图 4-19 各种预测算法的均方根误差

况智能预测模型的 RMSE 的平均值为 0.22km/h，MAE 的平均值为 0.16km/h，误差最小；SVM 预测模型的训练时间为 1h，训练时间最短。本章提出的方法也具有相对较少的训练时间。

表 4-5 各种预测算法的预测结果对比

评价指标	基于 LS-SVM 和 BP-NN 预测模型	SVM 预测模型	RBF-NN 预测模型	BP-NN 预测模型
RMSE/(km/h)	0.22	0.84	1.30	0.98
MAE/(km/h)	0.16	0.77	1.19	0.92
训练时间/h	1.2	1	1.4	2

4.4.3 未来工况预测精度影响因素分析

未来工况预测模型的预测精度受多重因素影响，在智能预测算法中，样本输入窗时间、预测时域和滚动更新时域是三个核心参数对于预测模型性能的影响，如图 4-20 所示。从而影响预测精度，探究预测时域和滚动更新时域对预测精度的影响，确定最佳的时域长度十分重要。基于此，本小节将从输入时间窗、预测时域和滚动时域三个方面探究其对预测精度的影响。

（1）输入时间窗对预测结果精度的影响

为分析样本输入时间窗对于预测精度的影响，假设样本输入参数的数量一定时，同时保证预测时域和滚动时域一致，仅更改样本的输入时间窗，探究其

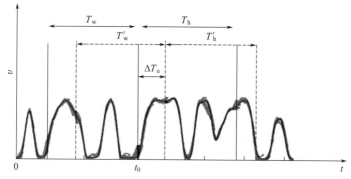

图 4-20 预测算法中影响预测精度的时间序列参数

T_w—输入时间窗；T_h—预测时域；ΔT_u—滚动更新时域

变化对预测结果精度的影响。分别设置三组不同的样本输入时间窗的仿真测试例，具体如下。

(a) Case1：输入时间窗为90s，预测时域为10s，滚动时域为1s。

(b) Case2：输入时间窗为70s，预测时域为10s，滚动时域为1s。

(c) Case3：输入时间窗为50s，预测时域为10s，滚动时域为1s。

不同样本输入时间窗的工况预测结果及均方根误差如图 4-21 所示。不同样本输入时间窗对工况预测精度的影响见表 4-6。

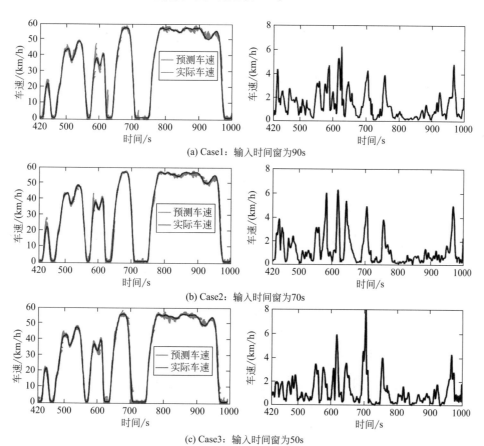

图 4-21 不同样本输入时间窗的工况预测结果及均方根误差

表 4-6　不同样本输入时间窗对工况预测精度的影响

项目	Case1	Case2	Case3
输入时间窗/s	90	70	50
RMSE/(km/h)	1.26	1.25	1.36
MAE/(km/h)	1.10	1.09	1.17
训练时间/min	26	35	43

由表 4-6 可以看出，Case1、Case2 和 Case3 之间的均方根误差变化不大。但是输入时间窗缩短会增大训练样本的数量，导致模型训练时间成本增加。因此，通过上述测试例对比分析得出，样本输入时间窗的变化对工况预测精度的影响较小。

(2) 预测时域对预测结果精度的影响

为探究预测时域对预测结果精度的影响，假设样本输入参数、滚动时域更新时间一致，更改预测时域长度，探究其变化对预测结果精度的影响，分别设置不同的预测时域长度，具体如下。

　　(a) Case1：预测时域为 10s，输入时间窗为 70s，滚动时域为 1s。
　　(b) Case2：预测时域为 15s，输入时间窗为 70s，滚动时域为 1s。
　　(c) Case3：预测时域为 20s，输入时间窗为 70s，滚动时域为 1s。

不同预测时域条件下的工况预测结果及均方根误差如图 4-22 所示。不同预测时域的工况预测结果对比分析见表 4-7。

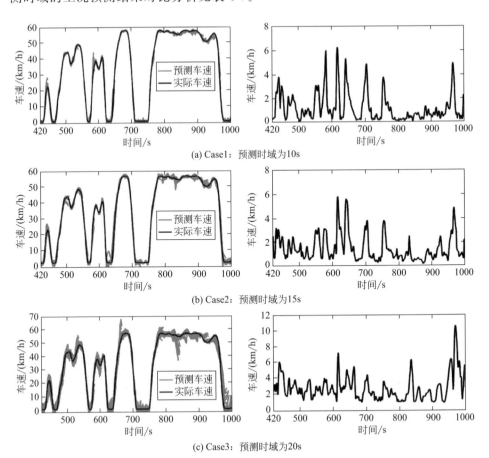

图 4-22　不同预测时域条件下的工况预测结果及均方根误差

由图 4-22 和表 4-7 可以看出，随着预测时域的增加，预测结果的误差逐渐增大。但是预测时域增加相当于模型的输出增大，进而增加了模型训练的复杂程度，导致模型训练时间成本增加。因此，通过上述测试例对比分析得出，预测时域的增大会导致工况预测误差增大。

表 4-7 不同预测时域的工况预测结果对比分析

项目	Case1	Case2	Case3
预测时域/s	10	15	20
RMSE/(km/h)	1.25	1.53	2.74
MAE/(km/h)	1.09	1.27	2.15
训练时间/min	35	46	50

（3）滚动时域对预测结果精度的影响

为探究滚动更新时域对预测结果精度的影响，同样首先给出合理的假设，假设样本输入参数、输入时间窗和预测时域时间一致，更改滚动更新时域长度，探究其变化对预测结果精度的影响，分别设置不同的滚动更新时域长度，具体如下。

（a）Case1：滚动时域为 1s，输入时间窗为 70s，预测时域为 10s。

（b）Case2：滚动时域为 3s，输入时间窗为 70s，预测时域为 10s。

（c）Case3：滚动时域为 5s，输入时间窗为 70s，预测时域为 10s。

不同滚动时域条件下的工况预测结果及均方根误差如图 4-23 所示。不同滚动更新时域的预测结果对比见表 4-8。

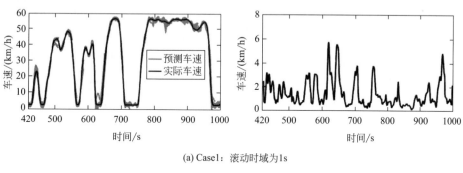

(a) Case1：滚动时域为1s

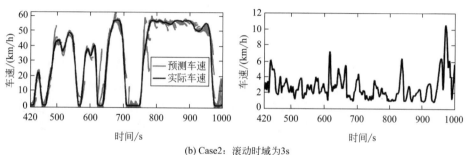

(b) Case2：滚动时域为3s

图 4-23

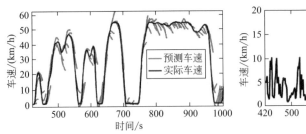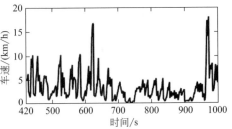

(c) Case3：滚动时域为5s

图 4-23　不同滚动时域条件下的工况预测结果及均方根误差

表 4-8　不同滚动更新时域的预测结果对比

项目	Case1	Case2	Case3
滚动时域/s	1	3	5
RMSE/(km/h)	1.53	2.61	3.50
MAE/(km/h)	1.27	1.73	2.88
训练时间/min	46	35	28

由图 4-23 和表 4-8 可以看出，随着滚动时域的增加，预测结果误差呈现较为明显的增大趋势。但滚动时域增加相当于模型的样本数量减少，进而降低了模型训练的复杂程度，使得模型训练时间成本降低。因此，通过上述测试例对比分析得出，由于滚动时域的增大，缩减了预测模型样本数量，导致工况预测误差明显增大。

通过对工况预测精度的影响因素分析，发现样本输入时间窗的变化对工况预测精度的影响较小，预测时域和滚动时域对工况预测精度影响明显。随着预测时域的增加，预测结果的误差逐渐增大。但是预测时域增加相当于模型的输出增大，进而增加了模型训练的复杂程度，导致模型训练时间成本增加。滚动时域对工况预测精度影响最为明显，滚动时域越大会导致预测误差增大。基于上述分析，最终确定未来工况预测模型的三个关键参数分别为：输入时间窗 90s，预测时域 10s，滚动更新时域 1s。

4.4.4　未来工况预测模型的鲁棒性分析

城市公交客车线路固定、定时发车的特点，使公交客车行驶工况呈现明显的相似性和规律性，但受到天气、驾驶行为、交通变化等因素的影响，行驶工况必然呈现不同的特点。因此，需要对工况预测模型在变化因素下的鲁棒性进行验证分析，以保证其预测结果对控制策略的可靠性。考虑以上因素，获取工况预测模型训练样本之外的一段行驶工况进行验证，如图 4-24 所示。基于本章提出的工况预测模型，得到的预测结果如图 4-25 所示。

由图 4-25 可得，所建立的工况预测模型，在工况预测模型训练样本之外的不同行驶环境情况下，仍能较好地进行预测。由图 4-26 可知，均方根误差的最大值小于 7km/h，绝大部预测结果的均方根误差在 5km/h 以内，由此说明本章建立的工况预测模型具有较好的鲁棒性，能适应工况变化带来的影响。

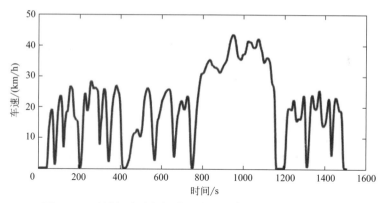

图 4-24　不同驾驶员在行驶环境变化的情况下的工况数据

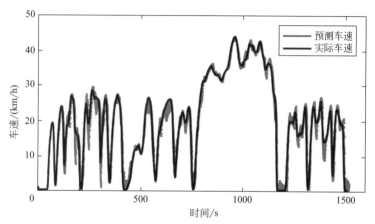

图 4-25　行驶环境变化情况下的工况预测结果

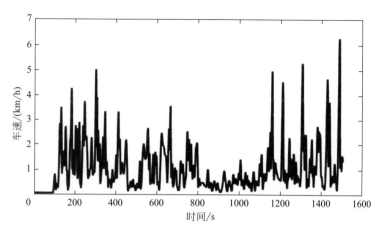

图 4-26　行驶环境变化情况下工况预测的均方根误差

4.5　本章结语

本章基于数据处理后的有效数据和数据挖掘方法，介绍了基于能耗特性的公交线路行驶工况特征参数分析，从行驶工况数据的历史和未来两个维度考虑，介绍了基于能耗特性与线路特征参数的固定线路行驶工况合成、未来行驶工况智能预测方法，全面开展公交客车行驶工况的数据挖掘，得出以下结论。

① 通过基于能耗特性的公交线路行驶工况特征参数分析，确定了与车辆比能耗相关的 7 个工况特征参数。

② 基于能耗特性与线路特征参数的固定线路行驶工况合成方法，能够有效合理地反映原始工况的数据特征。

③ 基于能耗特性与线路特征参数的未来行驶工况智能预测方法，通过对比分析得出该方法提升了工况预测的精度；在影响工况预测精度的因素中，样本输入时间窗的变化对工况预测精度的影响较小，预测时域和滚动时域对工况预测精度影响明显，其中滚动时域对工况预测精度影响最为明显；通过对比分析确定了未来工况预测模型的三个关键参数分别为：输入时间窗 90s，预测时域 10s，滚动更新时域 1s。最后验证了未来工况预测模型具有较好的鲁棒性。

第5章

基于行驶工况信息的分层优化自适应能量管理策略

5.1 行星式混合动力公交客车功率分流特性及其能量管理
5.2 分层优化自适应智能能量管理策略概述
5.3 基于固定线路合成工况的近似全局最优控制
5.4 基于未来工况预测的A-ECMS自适应控制
5.5 分层优化自适应智能能量管理策略验证与分析
5.6 硬件在环试验
5.7 本章结语

行驶工况信息影响能量管理策略的最优性和适应性，是进行混合动力汽车能量管理策略设计时考虑的重要因素。城市公交客车行驶线路虽然相对固定，但由于受天气、交通状况等因素的影响使行驶工况存在多变性，基于固定规则的能量策略和基于固定工况信息的优化能量策略都存在难以达到期望的最优控制效果的问题，原因之一在于这类能量管理策略多从工况信息单一维度考虑，对工况信息的利用程度较低，进而影响了策略最优性和适应性的控制效果。因此，如何提高能量管理策略对行驶工况信息的利用程度，进而提升策略的最优性和适应性是本章的重点。针对上述存在的问题，本章将继续以商用混合动力公交客车作为研究对象，介绍一种功率分流式混合动力构型及其功率分流特性，并介绍适用于该混合动力构型的能量管理方法；结合第4章得到的车联网工况信息数据挖掘结果，基于最优化理论和自适应智能控制原理，介绍一种基于工况信息的分层优化自适应智能能量管理策略，探究工况信息利用程度对于能量策略最优性和适应性的影响，进而为智能能量管理策略的研究提供新的研究思路。

5.1 行星式混合动力公交客车功率分流特性及其能量管理

本章所介绍的智能能量管理算法应用对象为一种功率分流式混合动力构型，该混合动力构型系统兼具串联和并联混合动力系统的优点，可实现发动机转速和转矩与车轮的双重解耦，有突出的节能潜力，是当前最具竞争力的混合动力系统之一。目前，基于行星排的功率分流式混合动力系统已在公交客车上得到成功应用推广。本节基于该双行星排式混合动力公交客车，介绍其构型特点，分析其功率分流特性，同时为充分验证说明本章所要介绍的智能能量管理策略效果，对当前工程实际应用的基于规则能量管理策略和全局最优解的动态规划能量管理策略两者的设计方法进行介绍，从而为后续智能能量管理策略的选定提供对比及评价的基准。

5.1.1 双行星排功率分流式混合动力系统构型

某功率分流式混合动力公交客车及其混合动力总成如图5-1所示。该款车型是目前10m级混合动力公交客车市场的典型车型，所采用的双行星排式功率分流混合动力系统取得了显著的节能效果。

双行星排功率分流式混合动力系统构型如图5-2所示，包括发动机、电机MG1、电机MG2、动力电池和双行星排耦合机构PG1与PG2。发动机曲轴与前排PG1的行星架相连，电机MG1与前排PG1的太阳轮相连，前排PG1的齿圈实现动力输出；后排PG2的齿圈锁止，电机MG2与后排PG2太阳轮相连，由后排PG2的行星架实现动力输出；前排PG1的齿圈与后排PG2的行星架固

图 5-1 某功率分流式混合动力公交客车及其混合动力总成

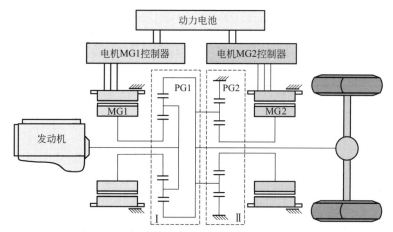

图 5-2 双行星排功率分流式混合动力系统构型

连,将前行星排与后行星排的动力耦合,输入主减速器,并最终输出到车轮。

根据双行星排式混合动力系统的运动学关系,假设系统内部无损失,则前行星齿轮机构 PG1 的基本转速、转矩关系如下。

$$\begin{cases} T_{S1}:T_{R1}:T_{C1}=1:k_1:-(1+k_1) \\ (1+k_1)\omega_{C1}=k_1\omega_{R1}+\omega_{S1} \end{cases} \quad (5\text{-}1)$$

式中,T_{S1}、ω_{S1} 为前行星排太阳轮的转矩和转速;T_{C1}、ω_{C1} 为前行星排中行星架处的转矩和转速;T_{R1}、ω_{R1} 为齿圈处的转矩和转速;k_1 为后行星排的特征参数。

同理分析,可以得到后行星排机构 PG2 的运动学关系,由于后排齿圈锁止转速恒为零,因此转速和转矩关系如下。

$$\begin{cases} T_{S2}=\dfrac{-T_{C2}}{1+k_2} \\ (1+k_2)\omega_{C2}=\omega_{S2} \end{cases} \quad (5\text{-}2)$$

式中,T_{S2}、ω_{S2} 为后行星排太阳轮的转矩和转速;T_{C2}、ω_{C2} 为后行星排中行星架处的转矩和转速;k_2 为后行星排的特征参数。

根据混合动力系统各动力源与双行星排耦合机构的连接关系,可以得到系统输出转速、转矩的关系，如下所示。

$$\begin{cases} T_{\text{out}} = T_{\text{e}} \dfrac{k_1}{1+k_1} + T_{\text{m}}(1+k_2) \\ \omega_{\text{out}} = \dfrac{\omega_{\text{e}}(1+k_1) - \omega_{\text{g}}}{k_1} = \dfrac{\omega_{\text{m}}}{1+k_2} \end{cases} \quad (5\text{-}3)$$

式中，T_{out}、ω_{out} 为主减速器处的转矩和转速；T_{m}、T_{e} 为MG2和发动机的转矩；ω_{e}、ω_{g}、ω_{m} 为发动机转速、MG1和MG2的转速。

该款混合动力公交客车整车参数和系统部件参数分别如表5-1及表5-2所示。

表 5-1 整车基本参数

参数	数值
整备质量/kg	12500
满载质量/kg	16500
外形尺寸(长×宽×高)/m	10.5×2.5×3.2
迎风面积/m²	6.6
风阻系数	0.55
滚动阻力系数	0.0065
主减速器速比	4.88
轴距/m	6.1
车轮半径/m	0.512

表 5-2 双行星排式混合动力系统部件参数

混合动力系统部件	参数	数值
发动机	峰值转矩/(N·m)	802
发动机	峰值转速/(r/min)	2300
发动机	峰值功率/kW	147
电机 MG1	额定/峰值转矩/(N·m)	160/320
电机 MG1	额定/峰值转速/(r/min)	3000/6000
电机 MG1	额定/峰值功率/kW	50/100
电机 MG2	额定/峰值转矩/(N·m)	400/900
电机 MG2	额定/峰值转速/(r/min)	2000/6000
电机 MG2	额定/峰值功率/kW	84/188
电池	最大容量/(A·h)	47.3
电池	内阻/Ω	0.08
电池	标称电压/V	600
行星排	前行星排特征值	2.63
行星排	后行星排特征值	1.65

5.1.2 双行星排式混合动力系统功率分流状态分析

当前,针对行星式动力耦合系统的运动状态分析理论主要有杠杆法和 D 矩阵方法。相比于 D 矩阵方法,杠杆法基于杠杆模型原理直接地分析得到行星机构的动力学关系,具有简便清晰的特点。因此,本小节采用杠杆法对双行星排式混合动力系统功率分流状态进行分析。行星排机构的杠杆模型如图 5-3 所示,图 5-3 中太阳轮、齿圈和行星架分别用 S、R 和 C 表示;纵坐标表示转速,定义向上为正转速方向。

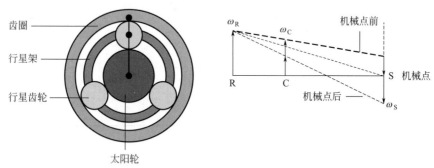

图 5-3　行星排机构的杠杆模型

为方便分析系统功率分流情况,首先给出系统机械点和分离因子的概念。系统机械点即为当电机 MG1 转速为零时的,系统所处的工作点,此时系统电功率为零,发动机功率完全由机械路径输出。根据系统动力学关系,可以得到 MG1 功率与发动机功率之间关系,如式(5-4) 所示。

$$P_g = [\omega_e(1+k_1) - \omega_{r_1} k_1] \frac{T_e}{1+k_1} = P_e - T_e \omega_e \frac{\omega_{r_1}}{\omega_e} \times \frac{k_1}{1+k_1} \tag{5-4}$$

式中,P_e 为发动机功率;P_g 为 MG1 功率。

定义系数 δ,令 $\delta = \frac{\omega_{r_1}}{\omega_e} \times \frac{k_1}{1+k_1}$,则

$$P_g = P_e(1-\delta) \tag{5-5}$$

式中,系数 δ 即为分离因子,可以用于表示系统中电功率、机械功率与发动机输出功率之间的关系。假设在系统电量平衡,即输出功率为零的前提条件下,当 $\delta = 1$ 时,电机 MG1 的电功率为零,系统中发动机输出功率完全由机械路径输出;当 $\delta > 1$ 时,电功率为负,电机 MG1 转速为负,电机 MG1 电动,电机 MG2 发电,系统工作在机械点之后;当 $\delta < 1$ 时,此时电功率为正,电机 MG1 发电,电机 MG2 电动,系统工作在机械点之前。

行驶工况复杂性导致系统工作状态的非线性,电池常处于充电或者放电状态。因此,系统功率分流情况需充分考虑电池的充电、放电过程,假设电池功率为 P_{bat},MG1、MG2、前行星排、后行星排的效率分别为 η_g、η_m、η_{r_1}、η_{r_2},各种功率分流情况具体如图 5-4 所示。双行星排系统功率分流及工作状态见表 5-3。

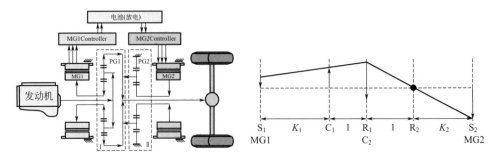

(a) 系统在机械点之前，电池放电

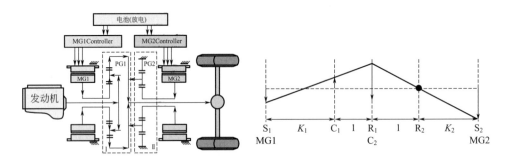

(b) 系统在机械点之后，电池放电，MG1需求功率小于电池放电功率

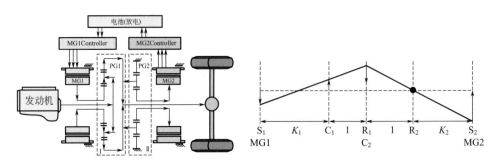

(c) 系统在机械点之后，电池放电，MG1需求功率大于电池放电功率

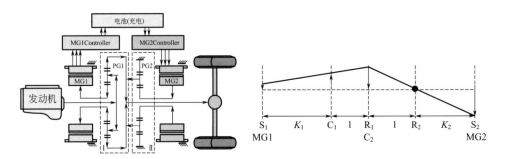

(d) 系统在机械点之前，电池充电，MG1需求功率大于电池放电功率

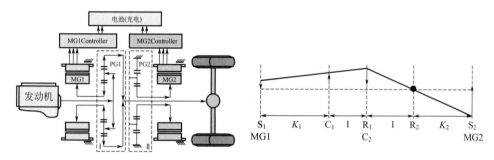

(e) 系统在机械点之前，电池充电，MG1需求功率大于电池放电功率

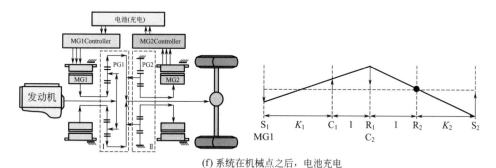

(f) 系统在机械点之后，电池充电

图 5-4 考虑电池的充电、放电过程的系统功率分流情况

表 5-3 双行星排系统功率分流及工作状态

模式	电池/电机 MG1/电机 MG2 工作状态	系统输出功率
（a）	电池放电，MG1 发电，MG2 电动	$[P_e \eta_{r_1}(1-\delta)\eta_g - P_{bat}]\eta_m \eta_{r_2} + P_e \eta_{r_1} \delta$
（b）	电池放电，MG1 电动，MG2 电动	$[P_e(1-\delta)/(\eta_{r_1}\eta_g) - P_{bat}]\eta_m \eta_{r_2} + P_e \delta \eta_{r_1}$
（c）	电池放电，MG1 电动，MG2 发电	$[P_e(1-\delta)/(\eta_{r_1}\eta_g) - P_{bat}]/(\eta_{r_2}\eta_m) + P_e \delta \eta_{r_1}$
（d）	电池充电，MG1 发电，MG2 电动	$[P_e \eta_{r_1}(1-\delta)\eta_g - P_{bat}]\eta_m \eta_{r_2} + P_e \eta_{r_1} \delta$
（e）	电池充电，MG1 发电，MG2 发电	$[P_e \eta_{r_1}(1-\delta)\eta_g - P_{bat}]/\eta_m \eta_{r_2} + P_e \delta \eta_{r_1}$
（f）	电池充电，MG1 电动，MG2 发电	$[P_e(1-\delta)/(\eta_{r_1}\eta_g) - P_{bat}]/(\eta_{r_2}\eta_m) + P_e \delta \eta_{r_1}$

5.1.3 双行星排式混合动力系统能量管理策略

通常情况下，双行星排式混合动力公交客车工程实际应用基于规则的能量管理策略，该策略具有良好的在线实时控制和计算负荷小等优点，但受限行驶工况多变及标定方法局限性无法保证策略获取最优的经济性效果；而基于动态规划算法的全局优化能量管理策略，常作为探究混合动力车辆全局燃油经济性能最优的重要手段和评价标准。本小节对上述两种能量管理策略进行介绍，并给出两种策略下混合动力客车的燃油经济性仿真结果，为之后开展智能能量管理策略进行对比与评价。

(1) 基于固定逻辑门限规则的能量管理策略

基于固定逻辑门限规则的能量管理策略（RB-EMS），主要考虑行星混联混合动力系统的转速转矩双解耦功能，使发动机工作在最优工作曲线上，保证发动机始终在高效区工作。所介绍的行星混联混合动力系统具有以下几种典型工作模式（纯电动、混合动力、再生制动与机制制动）和两种主要的工作状态（驱动状态与制动状态）。固定逻辑规则能量管理策略切换逻辑如图5-5中（1）～（7）所示。

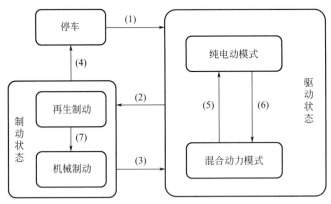

图 5-5　固定逻辑规则能量管理策略模式切换逻辑

① 驱动模式。驱动模式包括纯电动模式和 EVT 混合动力模式，默认进入纯电动模式，驱动模式的切换条件如图 5-6 所示。系统进入纯电动行驶模式，发动机和电机 MG1 不工作，电机 MG2 单独工作，整车需求功率全部来自动力电池，属于电量消耗模式。系统进入 EVT 模式，发动机实现功率分流功能，一部分经电机 MG1 转化为电功率，再由 MG2 转化为机械功率输出；另一部分流经行星齿轮机构后直接输出到驱动轴。发动机工作在最优工作曲线上。

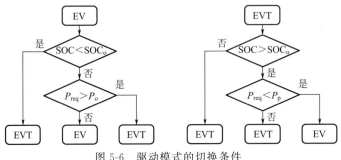

图 5-6　驱动模式的切换条件

② 制动模式。制动模式包括机械制动模式和再生制动模式，默认优先进入再生制动模式，制动模式的切换条件如图 5-7 所示。系统进入再生制动模式，

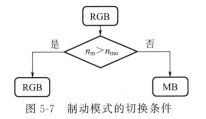

图 5-7　制动模式的切换条件

MG2 电机制动，回收制动能量补充到电池；系统进入机械制动模式，利用机械制动器制动，无能量回收。

(2) 基于动态规划算法的全局优化能量管理策略

动态规划算法是一种基于求解多阶段决策最优化问题的全局优化方法，其通过对各阶段控制变量和状态变量的遍历搜索获取全局最优结果。由于对控制变量和状态变量所有可能都进行详尽全面的搜索，动态规划算法可以得到在既定的已知工况下的全局最优结果。正是动态规划算法的全局优化能量管理策略能够获得已知工况下的全局最优结果，也常作为一种评价最优性的评价参考标准。

基于动态规划算法建立双行星排式混合动力系统的全局优化能量管理策略，首先应明确双行星排式混合动力系统的全局优化问题。

$$\begin{cases} \min_{u(t)} J[u(t)] \\ s.t. \\ \dot{x}(t) = F[s(t),u(t),t] \\ s(0) = xs_0 \\ s(t_f) \in [s_{f,\min}, s_{f,\max}] \\ s(t) = \in [s_{\min}, s_{\max}] \\ u(t) \in [u_{\min}, u_{\max}] \end{cases} \quad (5-6)$$

式中，$J[u(t)]$ 为 t 时刻的成本函数；$s(t)$ 为 t 时刻的系统状态变量；$s(0)$ 与 $s(t_f)$ 分别表示初始时刻与终止时刻对应的状态变量；$u(t)$ 为 t 时刻对应的系统控制变量；$s_{f,\min}$ 与 $s_{f,\max}$ 分别表示终止时刻系统状态变量的下限值与上限值；$s_{\min}$ 与 $s_{\max}$ 分别表示除终止点之外的 t 时刻系统状态变量的下限值与上限值；$u_{\min}$ 与 $u_{\max}$ 分别表示 t 时刻系统控制变量的下限值与上限值；$F[s(t),u(t),t]$ 表示系统数学模型。

根据动态规划算法中的贝尔曼优化理论，首先将全局优化问题进行多阶段的离散化。

$$J[s(k)] = f[s(k),u(k)] + \varepsilon \Delta \text{SOC}(k)^2 \quad (5-7)$$

式中，$J[s(k)]$ 为第 k 步时的成本函数；$f[s(k),u(k)]$ 为状态变量和控制变量确定的燃油消耗量；$\Delta \text{SOC}(k)$ 为时间步 k 处 SOC 的变化；ε 表示惩罚因子。

将成本函数扩展到整个工况时域时，得到

$$J[s(0)] = J[s(N)] + \sum_{0}^{N-1} \{f[s(k),a(k)] + \varepsilon \Delta \text{SOC}(k)^2\} \quad (5-8)$$

式中，$J[s(0)]$ 为从状态 $s(0)$ 到状态 $s(N)$ 的累计成本；$J[s(N)]$ 表示终止时刻 N 的成本函数。

最优控制序列 $\pi^* = \{u^*(0), u^*(0), \cdots, u^*(N-1)\}$ 可通过最小化累积成本 $J_N[s(0)]$ 得到，最优累计成本函数表示为

$$J_N^*[s(0)] = \min(J[s(N)] + \sum_{0}^{N-1} \{f[s(k),u(k)] + \varepsilon \Delta \text{SOC}(k)^2\}) \quad (5-9)$$

基于最优性原理，对于第 N 步最优性决策过程中，无论在时间步骤 k 选择哪个动作 $u(k)$，控制序列 $\pi^* = \{u^*(k+1), u^*(k+2), \cdots, u^*(N-1)\}$ 仍然是从状态 $s(k+1)$ 到状态 $s(N-1)$ 的最优控制序列。根据上述原则，控制变量 $u(k)$ 的确定应该满足式(5-10)。

$$J_{N-k}^*[s(k)] = \min\{J_{N-(k+1)}^*[s(k+1)] + f[s(k), u(k)] + \varepsilon \Delta SOC(k)^2\} \quad (5\text{-}10)$$

式(5-10)为动态规划算法的贝尔曼方程。当 $k = N-1$ 时，递归方程[式(5-10)]变为

$$J_1^*[s(N-1)] = \min\{J^*[s(N)] + f[s(N-1), u(N-1)] + \varepsilon \Delta SOC(N-1)^2\} \quad (5\text{-}11)$$

根据上述递推方程，逐步逆递推可反求出最优控制序列。动态规划算法的具体求解过程如图5-8所示。

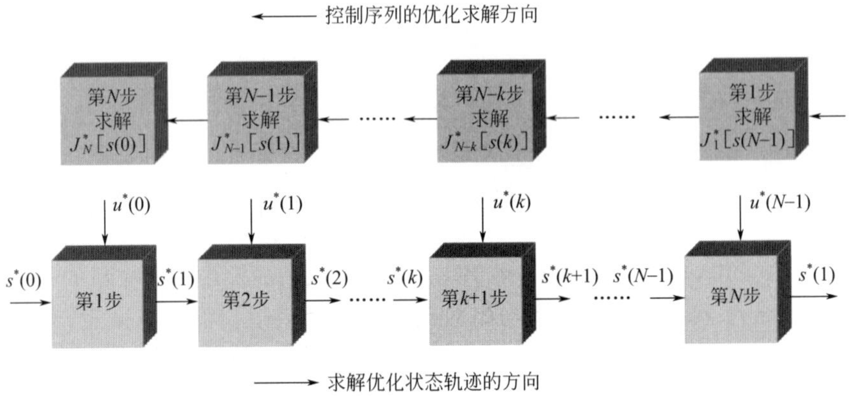

图 5-8 动态规划算法的具体求解过程

(3) 仿真结果

基于4.3节中固定公交线路合成行驶工况的结果，分别对基于固定逻辑门限的规则能量管理策略（RB-EMS）和基于动态规划算法的全局优化能量管理策略（DP-EMS）进行仿真分析，得到两种策略的行驶工况跟随情况，如图5-9

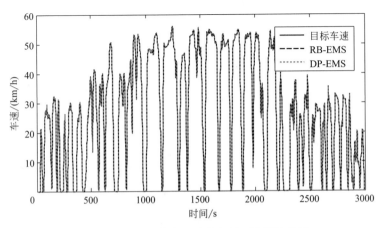

图 5-9 固定线路合成工况的车辆工况跟随效果

所示。可见，RB-EMS 和 DP-EMS 都能实现良好的工况跟随效果，满足行驶工况对动力性的要求。

RB-EMS 和 DP-EMS 燃油经济性结果见表 5-4。在维持电池 SOC 平衡的条件下，DP-EMS 相比于 RB-EMS，在固定线路合成工况下油耗降低了 2.47L/100km，燃油经济型提升 14.6%。DP-EMS 取得更加明显的燃油经济性效果。

表 5-4 RB-EMS 和 DP-EMS 燃油经济性

能理管理策略	油耗/[L/(100km·h)]	初始 SOC/%	终止 SOC/%
RB-EMS	17.12	50	50.31
DP-EMS	14.65	50	50.02

5.2 分层优化自适应智能能量管理策略概述

根据国内外研究基础分析得出，能量管理策略的最优性和适应性可以通过提升策略对行驶工况环境信息利用程度来得到改善。具备高度融合的行驶环境信息及高效优化算法的能量管理策略更能适应复杂多变的工况环境，从而有效提升能量管理策略的最优性和适应性。因此，如何提高能量管理策略对行驶工况信息的利用程度，如何结合固定公交线路特点从全局规划和局部实时的优化角度，完善能量管理策略的优化方法，是分层优化自适应智能能量管理策略的核心内容。下面介绍分层优化自适应智能能量管理策略的具体内容和架构。

5.2.1 分层优化自适应智能能量管理策略研究内容

基于工况信息的分层优化自适应智能能量管理策略，核心是应用最优化理论和自适应智能控制原理，结合工况信息数据挖掘得到的历史数据合成工况和未来预测工况两个维度信息，从全局角度和局部角度对能量管理策略进行优化，提升能量管理策略的最优性；并基于工况自适应控制思想，提升能量管理策略对于工况复杂多变的适应性。分层优化自适应智能能量管理策略研究内容逻辑如图 5-10 所示。研究内容具体如下所示。

① 基于本书第 3 章固定线路公交客车的行驶工况信息数据挖掘结果，介绍分层优化控制的工况信息利用架构，主要从全局规划和局部实时的优化方法角度考虑，实现对基于历史数据的固定线路合成工况和未来工况预测数据的合理使用，提升能量管理策略对于行驶工况信息的利用程度。

② 针对城市公交客车的固定线路行驶的特点，基于历史数据的固定线路合成工况信息，介绍固定线路工况全局规划最优控制，实现动态规划全局优化算法的自动化实施并提升算法效率，介绍近似全局最优的模式切换规则和近似全局最优 SOC 轨迹规划模型，实现系统工作模式、动力电池电量的合理使用。

③ 针对公交线路工况变化的不确定性，从局部实时优化的角度考虑，介绍

基于 A-ECMS 算法的自适应转矩分配控制，建立合理的自适应规律和 SOC 跟随控制策略，保证动力源转矩分配的自适应实时优化。

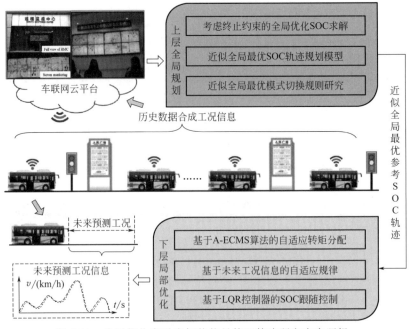

图 5-10 分层优化自适应智能能量管理策略研究内容逻辑

5.2.2 分层优化自适应智能能量管理策略架构

基于上述研究分析，本小节建立分层优化自适应智能能量管理策略架构，如图 5-11 所示。

分层优化自适应智能能量管理策略包括：①上层控制基于固定线路合成工

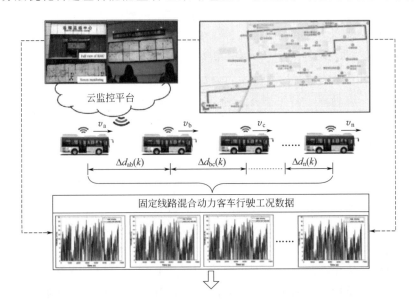

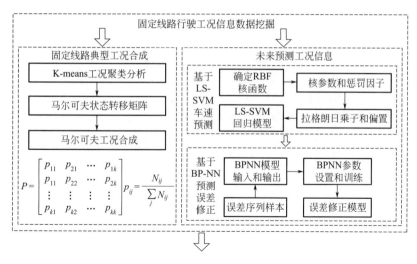

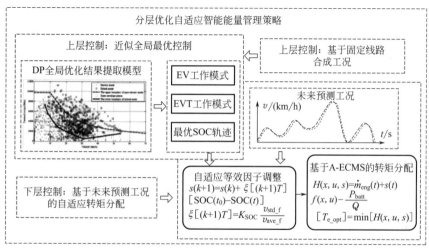

图 5-11　基于工况信息的分层优化自适应智能能量管理策略架构

况,从全局优化角度得到工作模式切换规则和最优 SOC 轨迹,确定最佳的纯电动和混合动力工作模式的时间比例,实现电能合理分配;②下层控制基于未来预测工况,采用自适应等效燃油消耗最小策略,从局部优化角度对动力源转矩进行自适应分配。

5.3　基于固定线路合成工况的近似全局最优控制

针对城市公交客车固定线路的行驶特点,基于固定线路客车的行驶工况信息,开展固定线路合成工况的全局规划近似最优控制,所建立的近似全局最优控制逻辑,如图 5-12 所示。基于固定线路公交客车行驶工况信息,采用本书 4.3 节中的方法得到固定线路合成工况,在合成工况条件下,采用考虑终止约束的全局优化算法进行行驶工况的全局规划求解;根据全局优化的结果,采用门限值和模糊神经网络模型建立的近似最优模式切换规则提取模型,得到近似全

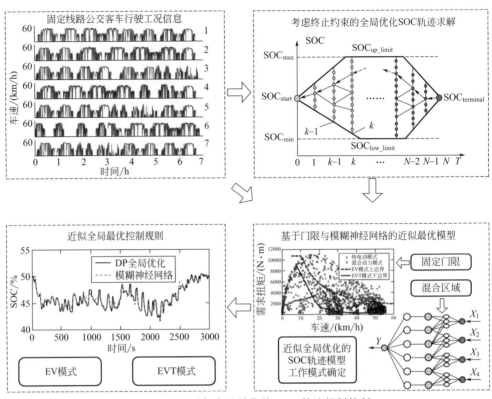

图 5-12 基于近似全局最优的 SOC 轨迹规划控制

局最优的工作模式切换规则,确定纯电动模式和混合动力模型最佳工作时间比例;采用神经网络模型建立的近似最优 SOC 轨迹规划模型,得到近似最优 SOC 轨迹。

5.3.1 考虑终止约束的全局优化 SOC 轨迹求解

功率分流式混合动力系统具有电量平衡的要求,基于动态规划的能量管理策略需要采用罚函数来满足系统的状态约束条件。而在当前已有研究中多数都是凭借经验反复调试罚函数来满足系统终止状态的约束条件,由于该过程依赖于研究人员的经验,不确定性因素大,浪费大量的时间成本,且不利于动态规划算法能量管理策略的自动化实施。此外,由于固定线路公交行驶工况也存在随机性,进一步限制了上述方法的鲁棒性和可行性。

为提高动态规划算法能量管理策略的效率,同时保证车联网云平台应用的可实施性,本小节基于前期工作介绍一种考虑终止约束边界计算的全局优化 SOC 轨迹求解方法,其流程如图 5-13 所示。首先,根据终止状态约束开展计算系统上下边界,得到每一时刻状态变量的边界约束,进而在后向迭代计算中考虑上下边界约束条件,最终在每个时刻的状态约束内完成动态规划算法迭代过程,从而保证系统电量平衡的要求。

根据电池等效内阻模型,得到电池电流和电池功率之间的关系。

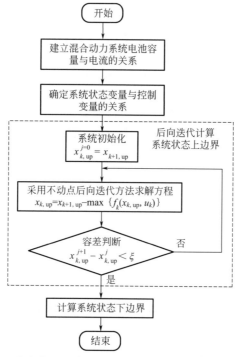

图 5-13 考虑终止约束的全局优化 SOC 轨迹求解方法流程

$$I_{bat}=\frac{-E+\sqrt{E^2+4r_{int}P_{bat}}}{2r_{int}} \tag{5-12}$$

$$\begin{cases} E=V+I_{bat}r_{int} \\ I_{bat}=\dfrac{dQ_{bat}}{dt} \\ SOC=\dfrac{Q_{bat}}{Q_{max}} \end{cases} \tag{5-13}$$

式中，E 为开路电压；I_{bat} 为电流；r_{int} 为等效内阻；Q_{bat} 为电池容量；Q_{max} 为电池最大容量；SOC 为电池荷电状态。

由式(5-13)可以得到容量与电流的关系。

$$Q_{bat}(k+1)=Q_{bat}(k)+I_{bat}\Delta t \tag{5-14}$$

根据式(5-14)可以得到状态变量与控制变量的关系，如下所示。

$$SOC(k+1)=\frac{-E+\sqrt{E^2+4r_{int}P_{bat}}}{2r_{int}}\frac{\Delta t}{Q_{max}}+SOC(k) \tag{5-15}$$

根据式(5-15)，系统状态变量与控制变量之间的关系可以表示为

$$x_{k+1}=f_k(x_k,u_k)+x_k \tag{5-16}$$

根据混合动力系统的电量平衡要求，终止状态的范围为已知量，$k=N-1$ 到 $k=0$ 时刻的系统状态上边界采用后向迭代计算求解，如下所示。

$$\begin{aligned} &x_{k,up}=\min_{x_k,u_k}x_k \\ &\text{s.t.} \quad f_k(x_{k,up},u_k)+x_{k,low}=x_{k+1} \end{aligned} \tag{5-17}$$

式中，$x_{k,\text{up}}$ 为 k 时刻终止状态上限的最小状态变量值；$x_{f,\min}$ 为上边界约束。

考虑状态变量 $\text{SOC}\in[0,1]$，式(5-17) 可改写为

$$x_{k,\text{up}}=\min_{x_k,u_k}\{x_{k+1}-f_k(x_{k,\text{up}},u_k)\}=x_{k+1,\text{up}}-\max\{f_k(x_{k,\text{up}},u_k)\} \tag{5-18}$$

式中，$x_{k+1,\text{up}}$ 为已知量，初始值为 $x_{f,\min}$，仅 $x_{k,\text{up}}$ 和 u_k 为未知变量，采用不动点迭代方法进行求解 $x_{k,\text{low}}$，k 时刻上边界求解流程如下。

① 初始化：$x_{k,\text{up}}^{j=0}=x_{k+1,\text{up}}$，其中 j 为 k 时刻求解状态量上边界的迭代次数。

② 开始迭代计算，直到达到特定的容差：$x_{k,\text{up}}^{j+1}-x_{k,\text{up}}^{j}<\xi$，如下所示。

$$x_{k,\text{up}}=x_{k+1,\text{up}}-\max\{f_k(x_{k,\text{up}},u_k)\} \tag{5-19}$$

考虑状态变量 SOC 的数量级，取 $\xi=10^{-5}$，在完成 k 时刻上边界求解后，重复上述①、②，继续求解得到 $k-1$ 时刻的上边界，直到 $k=0$。

系统状态下边界的求解过程与计算系统状态上边界方法的相同。考虑终止状态约束的 SOC 迭代求解过程，如图 5-14 所示。

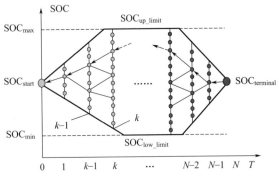

图 5-14 考虑终止状态约束的 SOC 迭代求解过程

考虑终止状态约束的全局优化 SOC 求解过程如图 5-15 所示。对比未考虑终止状态约束的 SOC 求解轨迹，通过多次调试罚函数，花费大量时间才使得

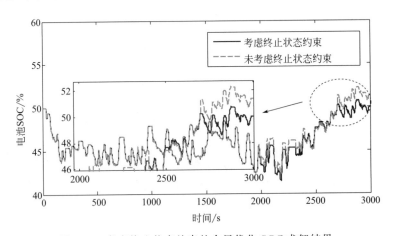

图 5-15 考虑终止状态约束的全局优化 SOC 求解结果

SOC 终值接近 50%，SOC 收敛到 51.8%，并未实现严格意义上的电量平衡。两种全局优化算法的效率对比如表 5-5。可见，采用考虑终止状态约束的 SOC 求解过程能够较好地实现电量平衡，省去了大量调试罚函数的工作，提升了算法效率。

表 5-5 两种全局优化算法的效率对比

全局优化算法	初始/终止 SOC	调试时间/h
未考虑终止状态约束	50/51.8	3
考虑终止状态约束	50/50.05	0.8

5.3.2 基于近似全局最优的模式切换规则提取

混合动力系统的工作模式决定系统各部件的工作状态，在制动模式规则一定的条件下，纯电动模式和混合动力模式决定发动机及动力电池输出功率，成为影响 SOC 轨迹变化的主要因素，因此要获得近似最优的 SOC 轨迹，需要对全局优化结果的纯电动模式和混合动力模式切换规则进行有效提取。

当前针对优化方法控制规则提取的研究，多集中通过观察经验方法进行提取，该方法存在不利于优化控制规则的自动实施和应用的问题。而且行驶工况随机性、复杂性以及车辆参数的变化都会对这类方法提取规则结果的通用性、最优性和鲁棒性提出严重挑战。

基于现有控制规则提取方法的不足之处，从提取规则方法的通用性、最优性和鲁棒性角度考虑，本小节介绍一种基于全局优化结果以及门限值和模糊神经网络模型的控制规则提取方法。最终将全局优化结果转化为优化控制规则，实现在线近似最优控制。

DP 全局优化的结果工作模式分布如图 5-16 所示。可以看出两种工作模式有较为明显的分布特点，纯电动模式多分布于低速、较小需求转矩区间，混合动力模式分布于较高车速、大需求转矩区间，两者存在明显重叠区域。

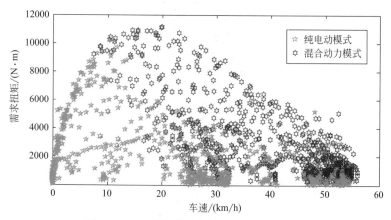

图 5-16 DP 全局优化的结果工作模式分布

根据以上规则提取方法，首先对纯电动模式和混合动力模式的工作点进行群体特性分析，基于离群点检测方法去除两种模式下的异常点及凸包算法确定纯电动模式上边界和混合动力模式下边界，最终在车速和需求转矩坐标系下确定纯电动模式的上边界和混合动力模式的下边界，如图5-17所示。

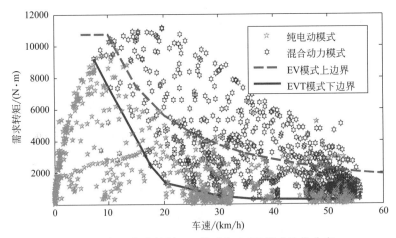

图5-17 全局优化结果EV模式和EVT模式边界分布

针对EV模式和EVT两个模式边界之间的重叠混合区域工作模式的确定，本小节介绍采用神经网络模型进行控制规则的提取方法。定义车速-需求转矩工作区间的纯电动模式的工作时间占比δ_{ev}，进行统计分析得到如图5-18所示的结果。由于车速、需求转矩、SOC对工作模式的影响较大，此外车速-需求转矩工作区间的纯电动工作模式时间占比δ_{ev}也决定着系统工作模式选择，最终选定以上四个参数作为神经网络算法的输入。由于输入参数δ_{ev}基于数学统计，基于此，选择车速、需求转矩、SOC和δ_{ev}作为神经网络控制规则提取模型的输入，模型的输出为系统驱动时的工作模式。所建立基于神经网络的控制规则提取模型，如图5-19所示。

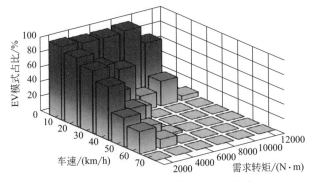

图5-18 纯电动模式工作时间占比统计

基于合成工况的DP结果以及随机选择该固定线路工况信息4天的行驶工况，可以得到全局优化结果作为神经网络模型的训练样本数据，通过神经网络模型训练，得到固定线路合成工况下，全局优化控制规则提取结果，如图5-20

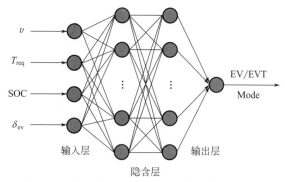

图 5-19　基于神经网络算法控制规则提取模型

所示。所建立的模糊神经网络控制规则提取模型的结果与 DP 全局优化的结果基本一致。

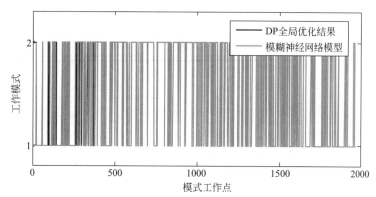

图 5-20　基于模糊神经网络的控制规则提取结果

进一步对 DP 全局优化结果和模糊神经网络模型的 EV 模式、EVT 模式工作时间比例进行统计，对比结果见表 5-6。可见所提出的基于门限值与模糊神经网络模型的规则提取方法，能够近似获得与 DP 相近的模式切换规则。

表 5-6　两种模式切换规则提取方法的对比

项目	EV 工作时间比例/%	EVT 工作时间比例/%
DP 优化结果	46	64
门限值与神经网络模型	43	67

5.3.3　基于近似全局最优的 SOC 轨迹规划模型

由于固定线路公交客车行驶工况的呈现较为明显的规律性特点，行驶工况特征对于混合动力系统的最优 SOC 轨迹产生一定影响，因此分析两者之间的关系，为近似最优 SOC 轨迹模型的建立奠定参数基础。基于固定线路合成工况特征，对影响 SOC 轨迹的特征参数进行分析，基于第 3 章中所涉及的数据挖掘理论中的相关性分析、回归分析方法建立工况特征参数与最优 SOC 轨迹的多元回归分析模型，得出特征参数序列 Y。

建立模糊神经网络模型，如图 5-21 所示。定义模糊神经网络模型的输入参数为车速、特征参数序列、需求转矩、上一时刻 SOC，输出为全局最优 SOC，训练样本基于合成工况以及随机选择该固定线路工况信息 3 天 DP 全局优化结果。近似最优 SOC 轨迹模型训练结果如图 5-22 所示。模糊神经网络模型训练结果与 DP 全局优化结果比较接近；近似最优 SOC 轨迹模型训练误差如图 5-23 所示。训练误差大多位于正负 1% 以内，只有几个点误差接近 2%。以上训练结果说明，本小节介绍的模糊神经网络模型能够得到近似最优 SOC 轨迹。

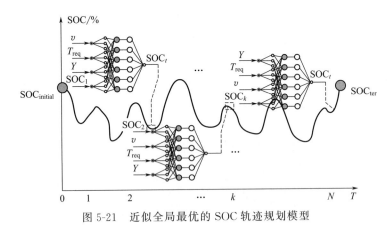

图 5-21 近似全局最优的 SOC 轨迹规划模型

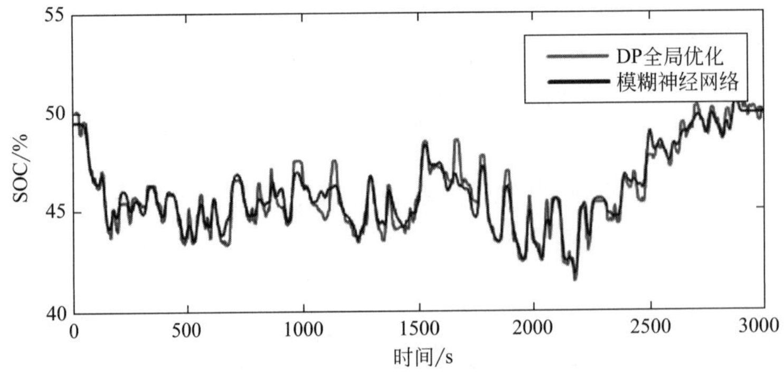

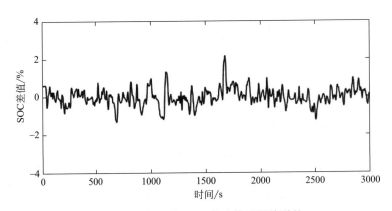

图 5-22 近似最优 SOC 轨迹模型训练结果

图 5-23 近似最优 SOC 轨迹模型训练误差

本节介绍的固定线路合成工况的近似全局最优控制，考虑了终止状态 SOC 的约束条件，有效减少了反复调试罚函数实现 SOC 平衡的工作，节约了大量的时间成本，提升了全局优化算法的自动化实施效率；提出的近似全局最优模式切换规则模型，能够方便工程人员针对固定线路特征快速实现对全局优化结果的近似提取；提出的全局最优 SOC 轨迹规划模型，可实现近似最优 SOC 轨迹的规划，简化并降低 DP 全局优化算法的复杂性，有效实现 DP 全局优化算法的在线应用。

综上，本节所介绍的近似全局最优控制方法，将随着通信技术特别是 5G 商用及域控制器的推广，实现车辆实时线路工况的数据与车联网平台云端传输，应用本节所介绍的方法，将具有更加明显的控制效果和实际应用价值。

5.4 基于未来工况预测的 A-ECMS 自适应控制

固定线路行驶的公交客车虽然线路固定，但行驶工况仍存在变化及不确定性，为提高能量管理策略的工况适应性，降低工况不确定及变化对策略最优性的影响，本节从局部实时优化的角度考虑，介绍一种基于 A-ECMS 算法的自适应转矩分配控制方法，以实现行星式混合动力系统动力源转矩的自适应优化分配，进而适应公交客车行驶工况变化，保证混合动力系统转矩分配最优性，从而提升控制策略的实时性和工况适应性。

基于此，下层控制策略建立基于未来工况预测的自适应等效油耗最小化策略架构，如图 5-24 所示。基于模糊神经网络建立的近似全局最优 SOC 模型，得到近似全局最优的 SOC 轨迹，再根据固定线路工况进行未来工况预测，由得到的未来预测工况和最优的 SOC 轨迹，根据未来预测工况的等效因子适应规律实现等效因子的调整，近而通过 A-ECMS 算法自适应调整动力源转矩的分配规则，同时为实现最优 SOC 的跟随控制，设计线性二次型调节器（Linear Quadratic Regulator，LQR）控制器，保证最优 SOC 轨迹的跟随。

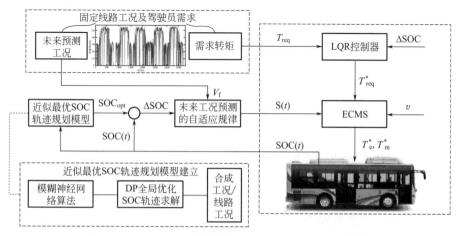

图 5-24　基于未来工况预测的 A-ECMS 自适应控制架构

5.4.1 基于 PMP 的等效燃油消耗最小策略

等效燃油消耗最小策略是基于庞特里亚金极值原理（Pontryagin's Maximum Principle，PMP）的局部实时优化方法，可以全局行驶工况未知的情况，通过等效因子（Equivalent Factor，EF）将电能消耗转化为等效燃料消耗，在满足混合动力系统约束条件下，使混合动力系统的瞬时等效燃料消耗达到最小化。庞特里亚金极值原理的核心思想是，使最优控制变量满足哈密顿函数达到极小。其中，哈密顿函数定义为

$$H(x,\lambda,u,t) = L(x,u,t) + \lambda^T f(x,u,t) \tag{5-20}$$

式中，x、u 分别为系统状态变量和控制变量；$L(x,u,t)$ 为系统成本函数；$f(x,u,t)$ 为系统状态变量函数；$\dot{x}(t) = f(x,u,t)$；λ 协变量表示为

$$\lambda^T(t) = [\lambda_1(t), \lambda_2(t), \cdots, \lambda_n(t)] \tag{5-21}$$

假设函数 $f(x,u,t)$ 和 $H(x,u,t)$ 关于 x、u 和 t 是连续的，则最优控制变量可通过哈密顿函数对 λ_i 和 x_i 分别求偏微分得到如下公式。

$$\dot{x}_i = \frac{\partial H(x,\lambda,u,t)}{\partial \lambda_i} \tag{5-22}$$

$$\dot{\lambda}_i = \frac{\partial H(x,\lambda,u,t)}{\partial x_i} \tag{5-23}$$

由此，极小值最优问题的求解问题即为：控制变量在约束条件内的哈密顿函数极小值问题，如下所示。

$$\min_{u \in U} H(x,\lambda,u,t) \tag{5-24}$$

最优控制变量的边界约束条件如下。

$$x(t_0) = x_0, \lambda(t_f) = 0 \tag{5-25}$$

式（5-25）表示为：$x(t_0)$ 是初始时刻的状态变量，终值状态 $x(t_T)$ 自由时，确定的最优解的约束条件。

综上，根据 PMP，控制变量 u^* 成为约束条件内的极小值，应满足的两个必要条件如下。

① 在每个时刻下优化问题的哈密顿函数在 u^* 的控制规律下都达到极小，即

$$H(x,\lambda,u,t) \geqslant H(x,\lambda,u^*,t), \quad \forall u(t) \neq u^*(t) \tag{5-26}$$

② 对于协变量有

$$\dot{\lambda} = -\frac{\partial H}{\partial x} = -\frac{\partial f(x,u,t)}{\partial x} \tag{5-27}$$

基于上述庞特里亚金最小值原理的分析，给出双行星排式混合动力系统的能量管理优化问题的描述：由于双行星排式混合动力系统能量消耗有发动机、电机 MG1 和 MG2，而两电机电能的能量主要来源是动力电池，因此混合动力汽车能量管理的优化目标可看作发动机和电池在行驶工况中总的能耗最小化，可以表示为

$$\begin{cases} \min\left\{ J = \int_{t_0}^{t_f} H_{\text{fuel}}(P_e, P_{\text{batt}}, s)\,\mathrm{d}t \right\} \\ s.t. \\ \omega_{e_{\min}} \leqslant \omega_e \leqslant \omega_{e_{\max}} \\ \omega_{g_{\min}} \leqslant \omega_g \leqslant \omega_{g_{\max}} \\ \omega_{m_{\min}} \leqslant \omega_m \leqslant \omega_{m_{\max}} \\ T_{e_{\min}} \leqslant T_e \leqslant T_{e_{\max}} \\ T_{g_{\min}} \leqslant T_g \leqslant T_{g_{\max}} \\ T_{m_{\min}} \leqslant T_m \leqslant T_{m_{\max}} \end{cases} \quad (5\text{-}28)$$

式中，$H_{\text{fuel}}(P_e, P_{\text{batt}}, s)$ 为双行星排式混合动力系统的优化成本函数；ω_e 为发动机转速；$\omega_{e_{\max}}$、$\omega_{e_{\min}}$ 分别为发动机转速上、下限值；ω_g 为电机 MG1 的转速；$\omega_{g_{\max}}$、$\omega_{g_{\min}}$ 分别为电机 MG1 转速上限、下限值；ω_m 为电机 MG1 的转速；$\omega_{m_{\max}}$、$\omega_{m_{\min}}$ 分别为电机 MG2 转速上限、下限值；T_e 为发动机转矩；$T_{e_{\max}}$、$T_{e_{\min}}$ 分别为发动机转矩的上限、下值；T_g 为电机 MG1 转矩；$T_{g_{\max}}$、$T_{g_{\min}}$ 分别为电机 MG1 转矩的上限、下限值；T_m 为电机 MG2 转矩；$T_{m_{\max}}$、$T_{m_{\min}}$ 分别为电机 MG2 转矩的上限、下值。

根据上述分析优化成本函数 $H_{\text{fuel}}(P_e, P_{\text{batt}}, s)$，可以表示为

$$H(x, u, s) = \dot{m}_{\text{eng}}(t) + \dot{m}_{\text{batt}}(t) = \dot{m}_{\text{eng}}(t) + s(t) f(x, u) \frac{P_{\text{batt}}}{Q} \quad (5\text{-}29)$$

式中，$s(t)$ 为将电池电能转化为等效油耗的等效因子；$f(x, u)$ 为 SOC 修正函数；P_{batt} 为动力电池的需求功率。

电池的需求功率，可结合电池充放电过程，用电机 MG1 和电机 MG2 的功率来表示。因此，结合 5.1.2 小节中对双行星排式混合动力系统功率分流情况的分析，系统工作过程有六种状态，如图 5-25 所示。情况 1、2 和 3 是电池放电过程中的三种状态，情况 4、5 和 6 对应于三种电池充电。

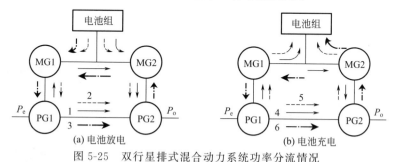

图 5-25　双行星排式混合动力系统功率分流情况

根据行星式混合动力系统功率分流情况，电池的需求功率可表示为

$$P_{\text{batt}} = \frac{P_m}{(\eta_g \eta_{\text{inv}})^{k_g}} + \frac{P_m}{(\eta_m \eta_{\text{inv}})^{k_m}} \quad (5\text{-}30)$$

$$k_i = \begin{cases} 1 & P_i > 0 \\ -1 & P_i \leqslant 0 \end{cases} \quad i = \{m, g\} \quad (5\text{-}31)$$

式中，P_m为电机MG2的功率；P_g为电机MG1的功率；η_{inv}为电机逆变器的效率；η_m为电机MG2的效率；η_g为电机MG1的效率。

根据上述分析，优化成本函数可表示为

$$H = \begin{cases} \dot{m}_e(t) + s(t)f(x,u)\dfrac{\dfrac{P_g}{\eta_g \eta_{inv}} + \dfrac{P_m}{\eta_m \eta_{inv}}}{Q}, & P_g > 0, P_m > 0 \\[2mm] \dot{m}_e(t) + s(t)f(x,u)\dfrac{\dfrac{P_g}{\eta_g \eta_{inv}} + P_m(\eta_m \eta_{inv})}{Q}, & P_g > 0, P_m \leqslant 0 \\[2mm] \dot{m}_e(t) + s(t)f(x,u)\dfrac{P_g(\eta_g \eta_{inv}) + \dfrac{P_m}{\eta_m \eta_{inv}}}{Q}, & P_g \leqslant 0, P_m > 0 \\[2mm] \dot{m}_e(t) + s(t)f(x,u)\dfrac{P_g(\eta_g \eta_{inv}) + P_m(\eta_m \eta_{inv})}{Q}, & P_g \leqslant 0, P_m \leqslant 0 \end{cases}$$

(5-32)

式中，$\dot{m}_e(t)$为燃油消耗量；Q为柴油低热值；$s(t)$为某时刻的等效因子；$f(x,u)$为某时刻状态变量SOC和控制变量的函数。

基于庞特里亚金极值原理，根据行星式混合动力系统特性和等效燃油消耗最小优化问题的描述，设计自适应等效燃油消耗最小策略算法流程，如图5-26所示。

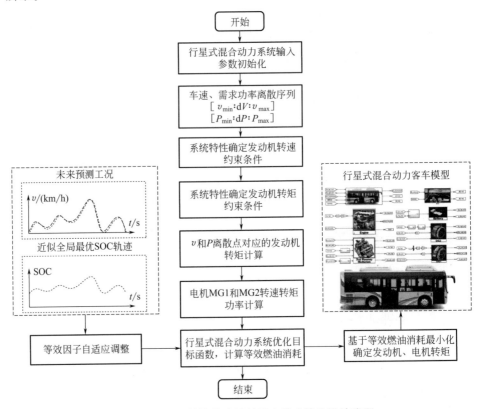

图5-26 自适应等效燃油消耗最小策略算法设计流程

自适应等效燃油消耗最小策略算法设计流程的核心思想如下。

① 由车速、MG1 的转速范围，根据双行星排转速特性关系确定发动转速范围；根据车速、需求功率以及 MG2 的外特性确定发动机转矩的下限。

② 根据发动机外特性确定发动机转速范围，结合双行星排转速特性关系确定的发动机转速范围，取两者交集确定最终发动机转速寻优范围，由确定的发动机工作点确定发动机燃油消耗量。

③ 根据确定的发动机工作点，确定 MG1、MG2 的工作点并计算电池等效的燃油消耗量，最后根据等效燃油消耗最小的目标函数计算最优的发动机转速和转矩，再根据行星式混合动力系统转矩关系，得到电机 MG2 的转矩。

④ 等效燃油消耗计算中采用自适应的等效因子，等效因子的自适应调整原则，是结合未来行驶工况特征和近似最优的 SOC 轨迹制定的，具体自适应等效因子的调整原理，将在 5.4.2 小节中进行详细分析。

5.4.2 基于未来工况预测信息的自适应规律

自适应等效燃油消耗最小化策略中等效因子的调整对策略的最终结果影响较大，因此需要建立有效准确的等效因子调整原则。当前，等效因子的自适应调整方法有多种，如基于工况识别类型的等效因子调整方法，基于 SOC 反馈的等效因子调整方法等。为了提高能量管理策略适应工况变化的能力，本小节采用基于工况预测和近似全局最优的 SOC 反馈的自适应调节，具体如下。

考虑到当前 SOC 变化和预测时域内的行驶工况特征，采用等效因子自适应调节，具体如下。

$$s(k+1) = s(k) + \psi[(k+1)T][\text{SOC}_{\text{opt}}(t) - \text{SOC}(t)] \tag{5-33}$$

式中，$s(k+1)$ 为 $k+1$ 时刻的等效因子；$s(k)$ 为 k 时刻的等效因子；$\text{SOC}_{\text{opt}}(t)$ 为近似全局优化的 SOC；$\text{SOC}(t)$ 为当前时刻的 SOC；$\psi[(k+1)T]$ 表示为

$$\psi[(k+1)T] = H_{\text{SOC}} \frac{v_{\text{std\_f}}}{v_{\text{ave\_f}}} \tag{5-34}$$

式中，H_{SOC} 为常数；$v_{\text{std\_f}}$ 为预测时域速度的标准差；$v_{\text{ave\_f}}$ 为预测时域速度的平均值。

$$v_{\text{std\_f}} = \sqrt{\frac{\sum_{j=1}^{N}(v_j - \overline{v})^2}{N}} \tag{5-35}$$

$$v_{\text{ave\_f}} = \frac{\sum_{j=1}^{N} v_j}{N} \tag{5-36}$$

式中，v_j 为预测时域内每时刻的车速；N 为预测时域车速采样数量；$\overline{v}$ 为预测时域内的平均车速。

基于未来工况预测的等效因子自适应调整规律如图 5-27 所示。为了在一定

程度上描述行驶工况的变化，定义行驶工况参数 ρ 如下。

$$\rho = \frac{v_{\text{std\_f}}}{v_{\text{ave\_f}}} \tag{5-37}$$

同时，定义可标定参数 ε 作为衡量行驶变化程度的大小，当 $\rho \geqslant \varepsilon$ 时，行驶工况变化明显，车辆处在频繁加减速的状态；当 $\rho < \varepsilon$ 时，车辆速度变化缓慢。

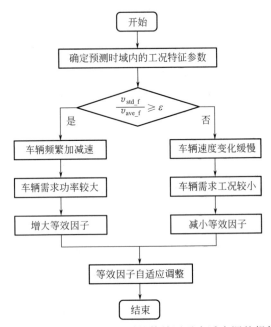

图 5-27 基于未来工况预测的等效因子自适应调整规律

基于未来工况预测的等效因子自适应调整规律，具体如下：当预测时域内存在 $\rho \geqslant \varepsilon$ 时，表示车辆在未来行驶工况处于不断加减速状态，系统需求功率较大，应增大等效因子，提供更多的电能，使发动机运行在高效的区间；当预测时域内存在 $\rho < \varepsilon$ 时，表示车辆在未来行驶工况中速度变化缓慢，系统需求功率较小，应减小等效因子。

5.4.3 基于 LQR 控制器的 SOC 跟随策略

全局优化得到最优 SOC 轨迹，实现电能合理分配使用。分层优化自适应智能能量管理策略，上层控制得到了近似全局最优的控制，为实现与全局最优近似的电能分配，接近全局优化的结果，下层控制增加了对于最优 SOC 跟随的控制，需要实现近似 SOC 轨迹的跟随控制，从而保证分层优化自适应能量管理策略的最优性。

实现近似最优 SOC 轨迹的跟随，其核心思想为，基于系统状态变量的反馈控制，在系统状态反馈控制中，线性二次型调节器（LQR）具有算法简单、易于在线应用、响应速度快的特点。因此，本小节介绍一种基于 SOC 最优轨迹跟随策略，并利用线性二次型调节器，实现近似全局最优 SOC 的跟随控制。SOC 跟随控制的 LQR 控制器设计如图 5-28 所示。

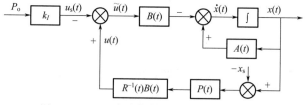

图 5-28 SOC 跟随控制的 LQR 控制器设计

以电池 SOC 为状态变量,需求功率为控制变量,系统的状态空间方程如下。

$$\begin{cases} \dot{x}(t) = Ax(t) + B(x,t)u(t) \\ y(t) = Cx(t) \end{cases} \quad (5\text{-}38)$$

式中,$A=0$,$C=1$;$B(x,t)=K(\text{SOC})$;系统状态变量 $x(t)=\text{SOC}(t)$,系统控制变量 $u(t)=P_{\text{req}}(t)$。

根据系统输出期望值 $y_r(t)$ 定义 SOC 跟随控制的误差:$e(t)=y_r(t)-y(t)$;进而结合线性二次型最优控制原理,可建立系统综合控制性能指标,如下所示。

$$J(u) = \frac{1}{2}\int_{t_0}^{t_f}[e^{\mathrm{T}}(t)Qe(t) + u^{\mathrm{T}}(t)Ru(t)]\,\mathrm{d}t \quad (5\text{-}39)$$

式中,Q 和 R 分别为状态变量与控制变量的偏差权重系数,其中,$J_1 = e^{\mathrm{T}}(t)Qe(t)$ 表示系统跟随最优 SOC 的能力;$J_2 = u^{\mathrm{T}}(t)Ru(t)$ 表示用于调整系统控制变量的范围,防止出现严重的超调现象。

基于庞特里亚金极小值原理得出:使输出误差稳定在零附近时的最优控制变量,如下所示。

$$u^*(t) = -R^{-1}B^{\mathrm{T}}[P(t)x(t) - g(t)] \quad (5\text{-}40)$$

式中,$P(t)$ 和 $g(t)$ 是极小值原理应用过程中产生的矩阵,可以根据黎卡提方程求解,如下所示。

$$\begin{cases} \dot{P} = -PA - A^{\mathrm{T}}P + PBR^{-1}B^{\mathrm{T}}P - C^{\mathrm{T}}QC \\ \dot{g} = -[A - BR^{-1}B^{\mathrm{T}}P]^{\mathrm{T}}g - C^{\mathrm{T}}Qy_r \end{cases} \quad (5\text{-}41)$$

$$\begin{cases} P(t_f \to \infty) = 0 \\ g(t_f \to \infty) = 0 \end{cases} \quad (5\text{-}42)$$

式中,$P(t_f \to \infty)=0$,$g(t_f \to \infty)$ 为边界约束条件。

假设系统达到稳态的情况,$\dot{p}(t)=0$。此时,黎卡提方程将进一步简化为代数方程,如下所示。

$$\begin{cases} \dot{p} = \dfrac{b^2}{r}p^2 - q = \dfrac{b^2}{p^2} - 1 \\ \dot{g} = \dfrac{b^2}{r}pg - qy_r = b^2 pg - y_r \end{cases} \quad (5\text{-}43)$$

由于状态空间方程中系数矩阵 $B(x,t)$ 实际是随 SOC 变化的变量,可以利用式(5-43)分别求解得到 $P(x,t)$ 和 $g(x,y_r,t)$。令 $U_s(t)=R^{-1}B^{\mathrm{T}}g(x,y_r,t)$,

$K(t) = -R^{-1}B^{\mathrm{T}}P(x,t)$,那么跟随最优 SOC 的最优控制即为 $u^{*}(t) = U_s(t) + K(t)x(t)$,进而得到 LQR 控制器设计。

5.5 分层优化自适应智能能量管理策略验证与分析

本节将上述介绍的分层优化自适应智能能量管理策略(Hierarchical Optimal Intelligent Energy Management Strategy,HO-EMS)进行仿真。为验证 HO-EMS 的控制效果,本节结合固定线路合成工况和随机工况,分别从能量管理策略的最优性和工况适应性两个方面进行验证分析,并与基于动态规划的全局优化能量管理策略(DP-EMS)和基于固定逻辑规则的能量管理策略(RB-EMS)进行对比分析。

5.5.1 分层优化自适应智能能量管理策略最优性

在固定线路合成工况条件下,所介绍的分层优化自适应智能能量管理策略,其工况跟随性仿真结果如图 5-29 所示,目标车速和实际车速基本完全一致,表明所介绍的能量管理策略在合成工况条件下能够满足行驶工况对动力性的需求。

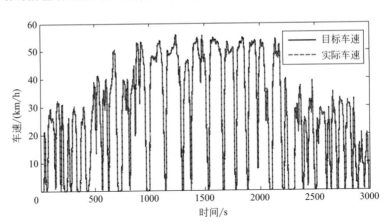

图 5-29　固定线路合成工况下 HO-EMS 的工况跟随性仿真结果

HO-EMS 与 DP-EMS 策略的电池 SOC 变化对比,如图 5-30 所示。终止时刻的电池 SOC 为 49.71%,可见,HO-EMS 策略能有效实现行星式混合动力系统的电量平衡。

对比 DP-EMS 策略的 SOC 变化趋势,HO-EMS 无法完全跟随 DP-EMS 策略的 SOC 变化,实现两者一致,但是 HO-EMS 仍具有与 DP-EMS 策略相似的 SOC 变化趋势。由于分层优化控制策略的下层控制中采用了基于 LQR 控制器的 SOC 跟随策略,因此取得了良好的控制效果。为进一步说明策略的 SOC 的跟随效果,对比未采用 LQR 跟随策略的 SOC 变化趋势,如图 5-31 所示。未采

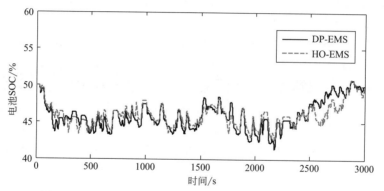

图 5-30　HO-EMS 与 DP-EMS 策略的电池 SOC 变化对比

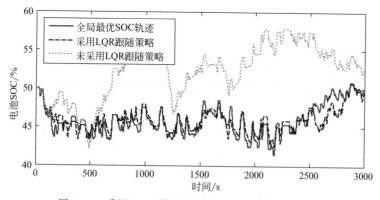

图 5-31　采用 LQR 控制器 SOC 跟随策略效果对比

用 LQR 跟随策略的 SOC 与 DP-EMS 的相差较大，无法实现 SOC 的跟随。

基于未来预测工况预测信息的自适应调整结果如图 5-32 所示。下层控制采

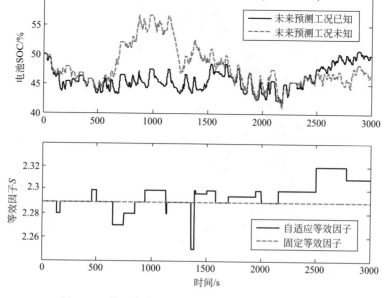

图 5-32　基于未来工况预测信息的自适应调整结果

用的基于未来预测信息的 A-ECMS 策略，较好地实现了等效因子的自适应调整。

为了评估 HO-EMS 的燃油经济性，与 5.1.3 小节所介绍的 DP-EMS 和 RB-EMS 进行对比讨论分析。三种策略的燃油经济性对比如表 5-7 所示。在 SOC 终止值为 50% 的前提条件下，HO-EMS 相比于 RB-EMS 在合成工况条件下油耗结果降低了 1.94L/(100km/h)，节油效果明显，节油率为 11.33%。HO-EMS 与 DP-EMS 结果较为接近，取得了与 DP-EMS 较为相似的燃油经济性结果。由于 HO-EMS 对 DP-EMS 的优化控制规则进行了提取，其仿真时间显著优于 DP-EMS。

表 5-7　三种策略的燃油经济性对比

智能能量管理策略	油耗/[L/(100km·h)]	初始 SOC/%	终止 SOC/%	仿真时间
RB-EMS	17.12	50.00	50.31	3min
DP-EMS	14.65	50.00	50.02	0.8h
HO-EMS	15.18	50.00	49.81	4.5min

为了详细对比 HO-EMS 和 DP-EMS 两种策略的特点，首先统计发动机工作点分布情况，如图 5-33 所示。由于 HO-EMS 的转矩分配采用了基于未来预测工况的 A-ECMS 策略，发动机工作点分布与 DP-EMS 不同。HO-EMS 发动机工作点分布区别主要集中于中高转速、中高转矩区间，DP-EMS 发动机工作点更多分布在中低转速、中高转矩区间。

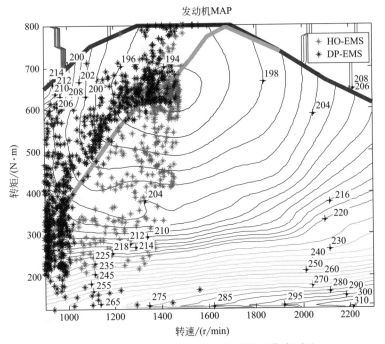

图 5-33　HO-EMS 和 DP-EMS 发动机工作点对比

进一步，量化对比不同策略的发动机工作点分布以及时间比例分布，如图 5-34～图 5-36 所示。可以看出，HO-EMS 发动机转速的范围大多数情况下在 1200～1600r/min，发动机负荷大多数情况下工作在 60%～100% 范围内。而 DP-EMS 发动机转速的范围大多数情况下在 800～1000r/min 和 1200～1400r/min，发动机负荷大多数情况下工作在 20%～60% 和 80%～100% 范围内。发动机工作点分布并不能完全直接反映油耗的差异，还需要结合系统能量消耗进行深层分析，这部分将在后面进行详细论述。

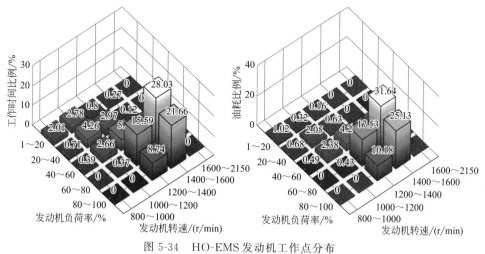

图 5-34 HO-EMS 发动机工作点分布

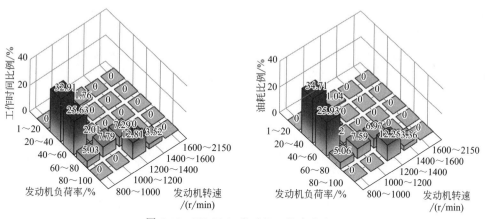

图 5-35 DP-EMS 发动机工作点分布

为了全面比较分析和评价三种能量管理策略的节能水平，从混合动力系统内部能量流动角度，定量分析不同策略对于系统节能提升的原因。此处，引入混合动力系统平均综合传动效率的概念，将混合动力系统划分为动力源、传动系统和车体三个核心模块，动力源包括发动机和电池，行星式传动系统包括电机 MG1、电机 MG2 和机械传动装置。在系统电池电量平衡要求的前提下，混合动力系统平均综合传动效率定义为循环工况总驱动能量与发动机实际提供能量和电池再生制动回收的能量之和的比值，如下所示。

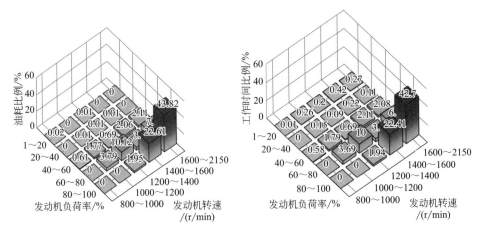

图 5-36 RB-EMS 发动机工作点分布

$$\eta_{\mathrm{tr}} = \begin{cases} \dfrac{E_{\mathrm{wh}}}{E_{\mathrm{ice}} + E_{\mathrm{rgb}}\eta_{\mathrm{bat,chrg}}\eta_{\mathrm{bat,dischrg}} + E_{\mathrm{bat,dischrg}}\eta_{\mathrm{bat,dischrg}}} & (\mathrm{SOC}_{\mathrm{end}} < \mathrm{SOC}_{\mathrm{ini}}) \\ \dfrac{E_{\mathrm{wh}}}{E_{\mathrm{ice}} + E_{\mathrm{rgb}}\eta_{\mathrm{bat,chrg}}\eta_{\mathrm{bat,dischrg}}} & (\mathrm{SOC}_{\mathrm{end}} = \mathrm{SOC}_{\mathrm{ini}}) \\ \dfrac{E_{\mathrm{wh}} - E_{\mathrm{bat,chrg}}/\eta_{\mathrm{bat,chrg}}/\eta_{\mathrm{tr}}}{E_{\mathrm{ice}} + E_{\mathrm{rgb}}\eta_{\mathrm{bat,chrg}}\eta_{\mathrm{bat,dischrg}}} & (\mathrm{SOC}_{\mathrm{end}} > \mathrm{SOC}_{\mathrm{ini}}) \end{cases} \quad (5\text{-}44)$$

式中，E_{wh} 为已知工况下，车轮处总的理论驱动能量；E_{ice} 为发动机实际输出能量；E_{rgb} 为再生制动能量；$E_{\mathrm{bat,dischrg}}$ 为电池放电能量；$E_{\mathrm{bat,chrg}}$ 为电池充电能量；$\eta_{\mathrm{bat,chrg}}$ 为电池充电效率；$\eta_{\mathrm{bat,dischrg}}$ 为电池放电效率；$\mathrm{SOC}_{\mathrm{ini}}$ 为电池 SOC 的初始值；$\mathrm{SOC}_{\mathrm{end}}$ 为电池 SOC 的终止值。

当 $\mathrm{SOC}_{\mathrm{end}} < \mathrm{SOC}_{\mathrm{ini}}$ 时，系统动力源到传动系统的能量包括 E_{ice}，$E_{\mathrm{rgb}}\eta_{\mathrm{bat,chrg}}\eta_{\mathrm{bat,dischrg}}$，$E_{\mathrm{bat,dischrg}}\eta_{\mathrm{bat,dischrg}}$，传动系统的输出能量为 E_{wh}。

当 $\mathrm{SOC}_{\mathrm{end}} = \mathrm{SOC}_{\mathrm{ini}}$ 时，电量平衡，电池能量处于平衡状态，$E_{\mathrm{bat,dischrg}} = 0$；$E_{\mathrm{bat,chrg}} = 0$。动力源输出能量到传动系统的能量包括 E_{ice}，$E_{\mathrm{rgb}}\eta_{\mathrm{bat,chrg}}\eta_{\mathrm{bat,dischrg}}$，系统输出能量包括 E_{wh}。

当 $\mathrm{SOC}_{\mathrm{end}} > \mathrm{SOC}_{\mathrm{ini}}$ 时，动力源到传动系统的输入能量包括 E_{ice} 和 $E_{\mathrm{rgb}}\eta_{\mathrm{bat,chrg}}\eta_{\mathrm{bat,dischrg}}$，传动系统的输出能量包括 E_{wh} 和 $E_{\mathrm{bat,chrg}}/\eta_{\mathrm{bat,chrg}}$，$E_{\mathrm{bat,chrg}}/\eta_{\mathrm{bat,chrg}}$。传动系统的输出能量为 E_{wh} 和 $E_{\mathrm{bat,chrg}}/\eta_{\mathrm{bat,chrg}}/\eta_{\mathrm{tr}}$。

下面基于混合动力系统平均综合传动效率的概念，针对 HO-EMS 策略开展能耗统计分析，说明策略优化的原理和效果。三种能量管理策略能耗统计结果如表 5-8 所示。DP-EMS 发动机效率最高，可达 43.35%。DP-EMS 的全局优化算法，使混合动力汽车的平均综合传动效率达到 85.34%。因此，DP-EMS 具有最佳的燃油经济性。HO-EMS 的平均综合传动效率、发动机效率与 DP-EMS 都较为接近，这也合理地说明了两者油耗差异的原因。表 5-8 中，$b_{\mathrm{e,avg}}$ 为发动机平均燃油消耗率，η_{ice} 为发动机平均效率。

表 5-8 三种智能能量管理策略能耗统计结果

项目	智能能量管理策略		
	RB-EMS	DP-EMS	HO-EMS
SOC_{ini}/SOC_{end}	50.00/50.31	50.00/50.02	50.00/49.81
$b_{e,avg}/[g/(kW \cdot h)]$	198.14	195.42	197.64
$\eta_{ice}/\%$	42.75	43.35	42.86
$E_{wh}/(kW \cdot h)$	17.68	17.68	17.68
$E_{rgb}/(kW \cdot h)$	6.43	6.43	6.43
$E_{ice}/(kW \cdot h)$	16.65	14.28	14.64
$\eta_{tr}/\%$	76.6	85.34	83.91

5.5.2 分层优化自适应智能能量管理策略适应性

固定线路行驶工况虽呈现明显规律性，但仍存在随机不确定性。针对工况的不确定因素对策略适应性的影响，随机选取该线路的不同特点的行驶工况进行仿真验证。所介绍的分层优化自适应智能能量管理策略工况跟随性良好，如所图 5-37 所示。

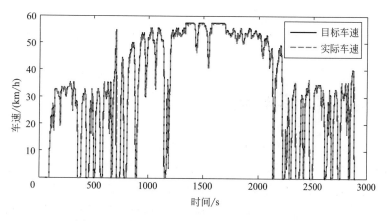

图 5-37 随机工况下 HO-EMS 的工况跟随性

为评估 HO-EMS 在随机工况下的燃油经济性，同样与 DP-EMS 和 RB-EMS 进行对比讨论分析。随机工况下燃油经济性对比如表 5-9 所示。在 SOC 终止值为 50% 的前提条件下，HO-EMS 相比于 RB-EMS 在合成工况条件下油耗结果降低了 1.67L/(100km/h)，节油效果明显，节油率为 10.2%。HO-EMS 与 DP-EMS 结果较为接近，取得了与 DP-EMS 较为相似的燃油经济性结果，说明 HO-EMS 策略能够适应工况变化，保证良好的燃油经济性。

表 5-9 随机工况下燃油经济性对比

能理管理策略	油耗/[L/(100km/h)]	初始 SOC/%	终止 SOC/%
RB-EMS	16.3	50.00	50.05
DP-EMS	13.7	50.00	50.02
HO-EMS	14.63	50.00	50.05

基于混合动力系统平均综合传动效率的概念，针对 HO-EMS 策略在随机工况条件下进一步开展能耗统计分析，统计结果如表 5-10 所示。DP-EMS 的平均综合传动效率最高，为 84.03%。可见在随机工况条件下，也得到了与合成工况类似的结果。因此，HO-EMS 在随机工况下仍具有良好的燃油经济性，说明 HO-EMS 能适应工况变化，策略的工况适应性良好。

表 5-10 随机工况下三种策略能耗统计结果对比

项目	智能能量管理策略		
	RB-EMS	DP-EMS	HO-EMS
SOC_{ini}/SOC_{end}	50.00/50.11	50.00/50.04	50.00/50.05
$b_{e,avg}/[g/(kW \cdot h)]$	198.84	195.17	197.91
$\eta_{ice}/\%$	42.6	43.4	42.8
$E_{wh}/(kW \cdot h)$	17.3	17.3	17.3
$E_{rgb}/(kW \cdot h)$	4.84	4.84	4.84
$E_{ice}/(kW \cdot h)$	18.57	15.74	16.1
$\eta_{tr}/\%$	73.87	84.03	82.62

5.6 硬件在环试验

本章前述几节完成了基于行驶工况信息的分层优化自适应智能能量管理策略的搭建与仿真，初步验证了该智能能量管理策略的控制效果。为验证控制策略的实时性及在真实控制器中的控制效果，本节介绍硬件在环（Hardware In the Loop，HIL）测试平台，并对所开展的硬件在环试验进行描述。

5.6.1 硬件在环试验平台

硬件在环是一种半实物仿真系统，是基于模型设计的 V 流程控制器开发的重要内容，也是实验室开发阶段的最后环节，如图 5-38 所示。核心思想是用实时运算的数学模型替代传统测试中真实的实车系统，从而应用计算机仿真技术实现脱离被控对象的测试开发。HIL 克服了传统方法需要在真实环境下测试的缺点，可以任意模拟控制对象运行及故障状态。试验的重复性好，可进行极限条件下的测试，从而排查 ECU 算法错误，达到整个系统的完整性能预测与分析。硬件在环可以有效缩短开发周期，达到节约人员、设备及资金的投入目的。

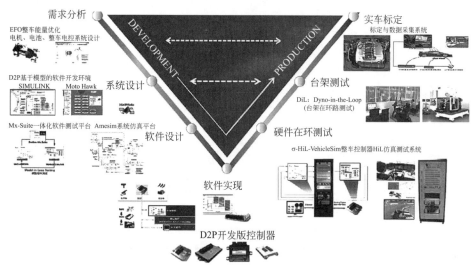

图 5-38　V 模式开发流程与硬件在环

为开展硬件在环试验，进而验证控制策略在实际控制器的效果，须搭建硬件在环试验平台，如图 5-39 所示。主要包括 dSPACE Simulator、整车控制器、低压直流电源、电源分配盒、CAN 总线通信设备和 PC 上位机。其中，dSPACE Simulator 可提供实时实车环境，低压直流电源为整车控制器提供 24V 直流电压，控制器与 Simulator 主要通过 CAN 总线实现通信，PC 上位机可实现对特定报文和信号的观测（表 5-11）。

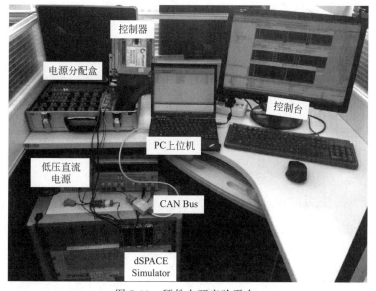

图 5-39　硬件在环实验平台

表 5-11　dSPACE Simulator 及控制器相关参数

dSPACE 项目	参数
dSPACE 类型	Simulator Mid_Size
板卡类型	DS1006
采样频率	100kHz
控制器类型	浮点型 TTC200
控制器 CPU	MPC555,32bit
RAM	26kB
EEPROM	16kB
内存空间	448kB

硬件在环试验中需要对各部件之间 CAN 通信进行设置，CAN 通信报文及信号设置如图 5-40 所示。CAN 通信的设置主要基于 CANoe 软件和混合动力系统各部件的通信协议建立，完成设置后得到 CAN 通信的 dbc 文件。HIL 测试模型接口配置模块如图 5-41 所示。主要包括对 CAN 接口配置和车辆模型设置，并将配置好的文件下载到 dSPACE Simulator。

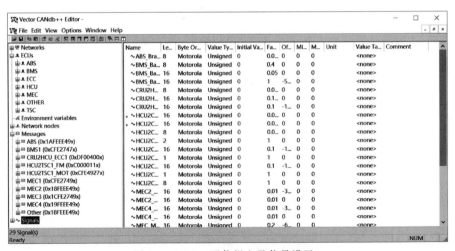

图 5-40　CAN 通信报文及信号设置

5.6.2　硬件在环试验结果分析

为了验证上述智能能量管理策略在实际控制器中的控制效果和实时性，在固定线路合成工况条件下进行 HIL 试验。HO-EMS 车速跟随情况对比如图 5-42 所示。可以看出，离线仿真和 HIL 试验的结果基本一致，车速跟随良好，满足动力性需要。

固定线路合成工况下 HO-EMS 的 SOC 变化如图 5-43 所示。可见，在实时环境下，HO-EMS 策略仍能实现良好的电量维持，离线仿真和 HIL 试验结果基

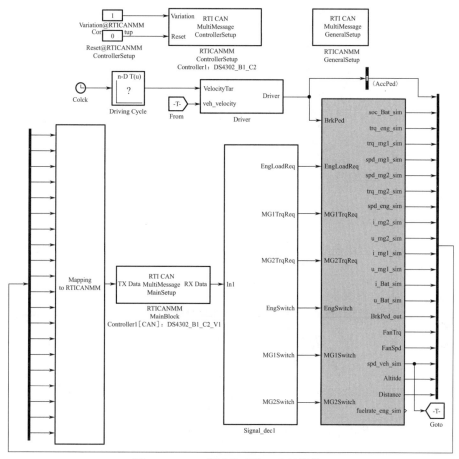

图 5-41 HIL 测试模型接口配置模块

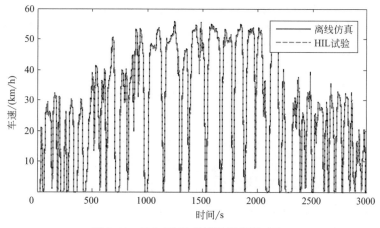

图 5-42 HO-EMS 车速跟随情况对比

本一致。由于模拟实车情况设置通信协议中电池 SOC 信号的分辨率为 0.5%，因此 CAN 总线采集得到的 SOC 信号呈现阶梯状变化。

HO-EMS 发动机工作点对比如图 5-44 所示。可见，HO-EMS 策略离线仿真和 HIL 试验的结果基本一致，由于信号精度以及在线传输速度等原因出现少

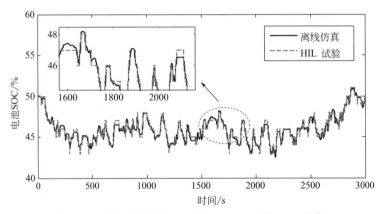

图 5-43 固定线路合成工况下 HO-EMS 的 SOC 变化

量偏差,但误差在合理范围以内,说明策略对于发动机的控制能够达到预期目的。

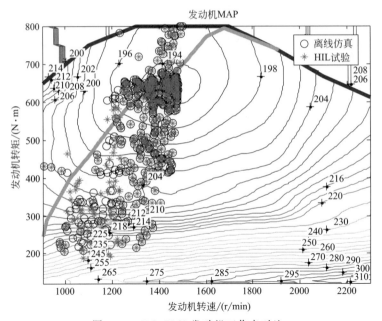

图 5-44 HO-EMS 发动机工作点对比

固定线路合成工况下 HO-EMS 策略燃油经济性对比如表 5-12 所示。可见,HO-EMS 策略的硬件在环试验与离线仿真的结果基本一致,所提出的 HO-EMS 策略在实时环境下能够取得良好的控制效果,进一步可以预见,该 HO-EMS 控制策略可用于实车在线能量管理,且能够取得与离线仿真一致的、良好的控制效果。

表 5-12 固定线路合成工况下 HO-EMS 策略燃油经济性对比

测试类型	油耗/[L/(100km·h)]	初始/终止 SOC/%	时间/难易
离线仿真	15.18	50.00/49.71	3min
HIL 试验	15.46	50.00/49.8	易

通过对以上所介绍的 HO-EMS 智能能量管理策略实施硬件在环试验,将控制器部分以真实硬件的形式接入试验回路,有效模拟控制对象运行并排查策略可能错误,达到整个系统的完整性能预测与分析,可以为 HO-EMS 策略进行实车验证奠定良好基础。

5.7 本章结语

本章继续以商用混合动力公交客车作为研究对象,首先介绍了一种功率分流式混合动力构型,并分析其功率分流特性;同时介绍了两种适用于该混合动力构型系统的常用的能量管理策略,为之后开展智能能量管理策略提供对比与评价依据。其次,针对能量管理策略的最优性和适应性问题,基于最优理论和自适应控制,从提升行驶工况信息利用程度考虑,介绍了基于工况信息的分层优化自适应智能能量管理策略,该策略架构有效结合了历史数据合成工况和未来预测工况两个维度的工况信息,实现了策略对于行驶工况信息的全局规划和局部实时优化,上层控制基于固定线路典型合成工况,从全局优化角度规划最优 SOC 轨迹,下层控制基于未来预测工况,从局部优化角度对转矩进行自适应分配。仿真结果得出,所介绍的分层优化智能能量管理策略与 DP-EMS 结果接近,比 RB-EMS 燃油经济性提升了 11.33%,策略最优性得到显著提升。同时 HO-EMS 智能能量管理策略在随机工况下也能取得较好的燃油经济性,工况适应性良好。综上,基于工况信息的分层优化自适应智能能量策略有效提升了策略的最优性和工况适应性。此外,本章还介绍了基于固定线路合成工况,为验证 HO-EMS 智能能量管理控制策略在真实控制器中的控制效果进行了硬件在环试验。通过搭建硬件在环仿真平台,将本章所介绍的 HO-EMS 智能能量管理控制策略下载至真实控制器中,在实时仿真环境下对控制策略的控制效果进行测试验证,由硬件在环试验的结果证明所介绍的 HO-EMS 控制策略具有良好实时性,并取得了良好的控制效果。

第6章

基于固定线路全局优化的深度强化学习能量管理策略

6.1 学习型智能能量管理控制策略概述
6.2 基于固定线路全局优化的深度强化学习能量管理策略
6.3 基于固定线路全局优化的深度强化学习能量管理策略验证
6.4 硬件在环试验
6.5 两种智能能量管理策略对比分析
6.6 本章结语

本书第 5 章以最优化理论为基础的传统优化方法，从提升能量管理策略对行驶工况信息丰富利用程度出发，介绍了能量管理策略的最优性和适应性问题，所提出的能量管理策略得到了明显效果。近年来随着新型人工智能 AI 技术和学习型智能算法研究的不断深入，基于学习型的智能算法逐渐被引入混合动力车辆能量管理策略领域，由于学习型智能算法本身具有不断适应环境变化的特点，为解决混合动力车辆能量管理策略在复杂多变的行驶工况环境下的最优性和适应性问题，提供新的思路和解决方案，因此本章以固定线路城市公交客车为研究对象，基于行驶工况信息的数据挖掘结果，介绍一种基于固定线路全局优化的深度强化学习智能能量管理策略。

6.1 学习型智能能量管理控制策略概述

随着人工智能技术的不断发展，以机器学习等为代表学习算法逐步成为许多领域解决实际问题的一种普遍有用的技术。与此同时，学习型智能算法也在混合动力车辆能量管理策略的应用和探索中得到越来越多的关注，在解决能量管理策略适应性及缩短优化求解过程方面有明显的效果。由于学习型智能算法应用于混合动力系统的能量管理策略是一类新型研究，本节首先重点对学习型智能能量管理策略的研究进展以及学习型智能能量管理策略控制问题进行详细分析。

6.1.1 学习型智能能量管理策略研究进展

近年来，以强化学习和深度学习为基础的学习型算法得到广泛关注。越来越多的学者专家围绕相关学习型智能算法在混合动力车辆能量管理策略控制领域开展了系列的研究工作。总结概括来看主要包括两大类型：一是应用单一的强化学习算法来解决混合动力系统的能量管理问题；二是以强化学习算法为基础融合多种其他的算法实现更为复杂的学习型能量管理策略。

基于单一型强化学习算法的能量管理策略如图 6-1 所示。北京理工大学电动车辆国家工程研究中心的邹渊教授团队基于串联混合动力系统开展了强化学习能量管理策略的设计，仿真结果表明，与 DP 最优控制策略的结果较为接近；基于 Q-learning 的能量管理策略已经成功应用于插电式并联混合动力汽车；基于强化学习的能量管理策略可以提高混合动力汽车的燃油经济性，但该策略并没有与经典的最优控制策略进行比较以证明其最优性。但总体来说，对 Q-learning 强化学习算法的应用主要集中于串联和并联这两种构型及动力耦合关系相对简单的混合动力车辆控制中，而针对开关混联式和功率分流混联式混合动力车辆开展的研究相对较少。

以强化学习算法为基础，融合其他算法的强化能量管理策略如图 6-2 所示。该能量管理策略基于 Actor-Critic 算法深度强化学习架构，Actor-Critic 使用

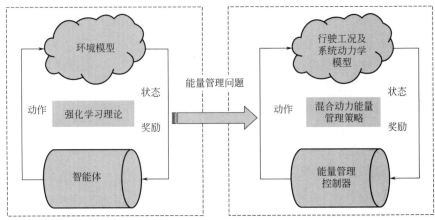

图 6-1 基于单一型强化学习算法的能量管理策略

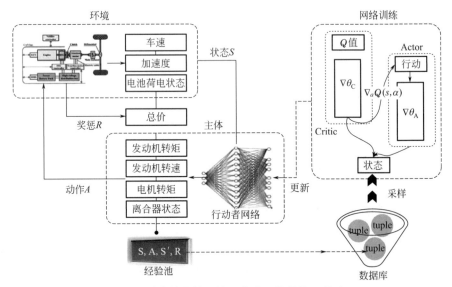

图 6-2 融合其他算法的强化学习能量管理策略

Actor 深度神经网络，直接输出连续的控制信号。Critic 深度神经网络对 Actor 网络产生的控制信号进行评价，通过在连续动作空间中的强化学习训练两个神经网络，来解决单一型强化学习算法的能量管理策略离散化误差和维数灾难的问题。基于深度强化学习的能量管理策略，在 ADVISOR 仿真环境下评估了基于深度强化学习（Deep Reinforcement Learning，DRL）的能量管理策略，比基于规则的能量管理策略提升了燃油经济性。

总结上述研究发现：此类型的智能能量管理策略多集中于学习型智能算法的应用，即寻找先进的智能学习算法进行不同混合动力系统构型的探索，由单一的强化学习算法向多融合的复合型的强化学习算法发展是主要趋势，行驶工况环境多基于标准工况信息开展。而针对固定线路公交客车的行驶特点，进行学习型智能能量管理策略的融合研究相对缺乏，如何将固定线路行驶信息特点与深度强化学习算法融合实现转矩的优化分配是本书探索研究点。基于此，提出一种基于固定线路全局优化的学习型智能能量管理策略，结合 5.2 节中针对固定线路行驶工况信息开展近似全局优化得到的控制规则为基础，利用深度强化学习算法实现转矩的优化分配，后续将在 6.2 节中详细介绍。

6.1.2　学习型智能能量管理的控制问题

上一小节通过学习型能量管理策略研究进展分析可知，强化学习算法是学习型智能算法的典型代表，基于强化学习算法的智能能量管理策略在当前学习型智能能量管理策略得到广泛研究，其控制问题具有一般性和代表性。因此，本小节以基于强化学习算法的能量管理策略控制问题进行详细分析。

强化学习算法是一个在交互环境中不断学习的过程。在强化学习算法中，智能体通过尝试和错误搜索过程学习如何建立输入状态、优化控制动作和最大化奖励三者之间的映射关系，确定哪些行为动作有助于获得最大的回报。从环境中感知被控对象状态，采取特定的动作取得目标导向的奖励是强化学习的关键。下面以本书研究对象混合动力客车为例，说明强化学习算法基本架构及其所表示的能量管理问题，如图 6-3 所示。

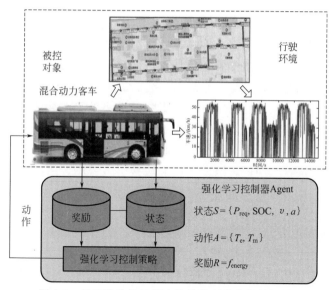

图 6-3　基于强化学习算法能量管理策略控制问题

在强化学习能量管理策略问题中，公交客车行驶工况、客车系统模型可被看作环境，智能体则为基于强化学习算法的混合动力客车能量管理策略控制器，智能体会根据当前系统状态和环境做出最大累计收益的决策，从而得到最优控制动作。强化学习算法能量管理策略控制问题中的关键变量，具体如下。

混合动力客车强化学习能量管理策略的状态变量 S。

$$S = \{v, a, P_{\text{req}}, \text{SOC}\} \tag{6-1}$$

式中，v、a、P_{req}、SOC 分别是车辆的车速、加速度、需求功率和电池 SOC。

混合动力客车强化学习能量管理策略控制目标主要实现动力源转矩最优分配,其中关键在于发动机转矩的确定,因此定义强化学习能量管理策略的控制动作 A_t。

$$A_t = \{T_e, W_e\} \quad (6\text{-}2)$$

式中,T_e、W_e 分别为发动机转矩和转速。

混合动力客车强化学习能量管理策略奖励函数为 $R(s_t, a_t)$。

$$R(s_t, a_t) = \beta_1 f_{oil} + \beta_2 (SOC - SOC_{tar}) \quad (6\text{-}3)$$

式中,f_{oil} 为燃油消耗量;SOC_{tar} 为目标 SOC;β_1、β_2 分别为油耗和 SOC 约束参数。

强化学习能量管理策略优化目标即寻找最优的策略动作使得累计奖励最优。其优化目标函数通常表示为在输入状态 S 下选择动作 A 的动作值函数 Q,定义为

$$Q^\pi(s, a) = \sum_{t}^{\infty} \{\tau^t R(s_t, a_t) \| s_0 = s, a_0 = a\} \quad (6\text{-}4)$$

式中,τ^t 为折扣因子,用来计算累计回报。

强化学习是一个动作和回报综合考虑的马尔可夫过程。由此,强化学习的目标即是找到最优的马尔可夫决策过程,寻优过程通常利用贝尔曼优化原理求解得到。

强化学习虽具有较强的决策能力,但是局限于动作和样本空间相对较小,且仅在离散情况下适用。然而行星式混合动力公交客车行驶工况相对复杂,而其能量管理问题也需要用连续状态空间来精确地表示。在此情况下,面对连续及高维状态变量,强化学习的离散化状态网格将会逐渐增大,从而导致计算量的增加和收敛性差。可见,Q 值矩阵的大小随状态数的增加而增大,随离散度的增加而迅速增大。动作值函数的这一性质显然成为强化学习在处理复杂问题时的局限性。

为解决这个问题,深度学习算法被引入其中,用深度学习的非线性函数近似表征值函数,将 Q 值矩阵参数化,有效避免了 Q 值矩阵增大带来的计算量增加和收敛性差的问题。深度强化学习结合了深度学习和强化学习的优点,深度学习提供学习机制,强化学习为深度学习提供学习目标,使得深度强化学习具备拟合复杂控制策略的能力,近年来开始被用来解决复杂的控制问题。深度强化学习算法的架构如图 6-4 所示。

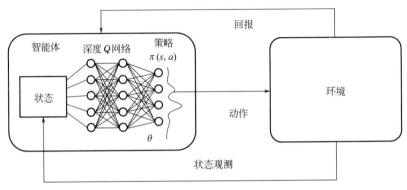

图 6-4 深度强化学习算法的架构

综上，强化学习算法和深度学习算法是学习型能量管理策略的重要理论基础，本小节以基于强化学习算法的智能能量管理策略为例分析了学习型智能能量管理的控制问题。而强化学习算法是一个将强化学习的动作和回报奖励综合考虑的马尔可夫过程，寻优过程通常利用贝尔曼优化原理求解得到。因此，马尔可夫决策过程和贝尔曼优化原理是强化学习算法的重要理论基础。

6.2 基于固定线路全局优化的深度强化学习能量管理策略

6.1 节中通过分析当前学习型智能能量管理策略研究进展，总结了当前学习型智能能量管理策略存在的不足，并指出深度强化学习算法在解决连续及高维状态变量的复杂控制问题时具有明显优势。基于此，结合固定线路公交客车行驶工况信息的特点，本节提出基于固定线路行驶工况信息的 Deep Q-Learning 算法的能量策略，主要包括以下三个方面内容：首先分析 Deep Q-Learning 深度强化学习算法的原理，然后应用深度强化学习算法建立基于固定线路全局优化的深度强化学习能量管理策略架构，最后给出算法设计的实现流程。

6.2.1 Deep Q-Learning 深度强化学习算法

如前所述，Deep Q-Learning 深度强化学习方法，用深度神经网络逼近 Q 函数，有效解决了强化学习在高维状态变量复杂时的控制问题，在混合动力系统能量管理策略中取得了良好的控制效果。

Deep Q-Learning 算法是在 Q-Learning 算法的基础上，为提高算法的收敛性，用深度神经网络逼近 Q 函数，来解决连续型高维状态变量的复杂控制问题。因此，Deep Q-Learning 深度强化学习基于 Q-Learning 算法架构，首先明确强化学习算法中 Q-Learning 理论。

假设智能体的状态空间序列为 $S=\{s_1,s_2,\cdots,s_n\}$，并有对应的状态动作序列为 $A=\{a_1,a_2,\cdots,a_n\}$。基于当前状态 $s(t)\in S$，智能体在当前环境下采取动作 $a(t)\in A$，系统转移到新的状态 $s(t+1)\in S$，根据马尔可夫状态转移概率 $P_{s(t)s(t+1)}(a)$，对应即时回报为 $r[s(t),a(t)]$。

强化学习算法以累计回报为原则，智能体综合考虑即时回报和未来回报。强化学习的目标就是智能体通过不断改进策略 π，找到最优策略 $\pi^*(a|s)$，获得最大的累计回报。策略 π 最优性的评价，是根据累计回报的期望进行的，即采用状态值函数和动作值函数评价。寻找最优策略 $\pi^*(a|s)$，即最大化状态值函数和动作值函数。

给出状态值函数的定义，即在状态 s 下的累计折扣回报可以用状态值函数表示。

$$V^\pi(s) = E\left[\sum_{t=0}^{\infty} \tau^t r[s(t),a(t)] \mid s(0)=s\right] \tag{6-5}$$

式中，$\tau \in [0,1]$ 为折扣系数，折扣系数越大则获得的未来回报越大。状态值函数 $V^\pi(s)$ 表示在状态 s 时，采取策略 π 得到的期望回报。

根据马尔可夫性质，即时回报只由当前状态决定，与前一种状态无关，由此状态值函数可以写为

$$V^\pi(s) = R[s,\pi(s)] + \tau \sum_{s \in S} P_{ss'}[\pi(s)]V^\pi(s') \tag{6-6}$$

式中，$R[s,\pi(s)]$ 为即时回报 $r[s,\pi(s)]$ 的平均值；$P_{ss'}[a(s)]$ 是执行策略 $\pi(s)$ 时，从状态 s 到状态 s' 的转移概率。

最优动作策略 π^* 遵循 Bellman 准则，最优的状态值函数 $V^{\pi^*}(s)$ 如下。

$$V^{\pi^*}(s) = \max_{a \in A}\left[R(s,a) + \tau \sum_{s' \in S} P_{ss'}(a)V^{\pi^*}(s')\right] \tag{6-7}$$

由式(6-7) 可知，在给定回报 R 和转移概率 P 条件下，可以获取最优的策略。相对应的动作值函数，即动作值函数 $Q^\pi(s,a)$ 的定义如下。

$$Q^\pi(s,a) = R(s,a) + \tau \sum_{s' \in X} P_{ss'}(a)V^\pi(s') \tag{6-8}$$

式中，$Q^\pi(s,a)$ 为在状态 s 时执行动作 a 的累计折扣回报。

由此，最优的动作值函数 Q 表示为

$$Q^{\pi^*}(s,a) = R(s,a) + \tau \sum_{s' \in S} P_{ss'}(a)V^{\pi^*}(s') \tag{6-9}$$

因此，累计状态值函数可以写成

$$V^{\pi^*}(s) = \max_{a \in A}[Q^{\pi^*}(s,a)] \tag{6-10}$$

基于此，强化学习的目标从寻找最优策略变为确定最优的动作值函数 Q。通常，Q 函数可通过 (s,a,r,s',a') 以递归的方式获得。如当前 t 时刻状态 s，即时回报 r，动作 a，$t+1$ 时刻的状态 s' 和动作 a'，由此 Q 函数可变为

$$Q_{t+1}(s,a) = Q_t(s,a) + \lambda\{r(s,a) + \tau[\max_{a'}Q_t(s',a') - Q_t(s,a)]\} \tag{6-11}$$

式中，λ 是学习率，应用合适的学习率 $Q_t(x,a)$ 绝对收敛到 $Q^*(x,a)$。

动作值函数通常由函数估计得到，常采用非线性估计如深度神经网络，即 $Q_t(x,a;\theta) = Q^*(x,a)$，该神经网络也称为深度 Q 网络。深度 Q 网络的参数 θ 为神经网络的训练权重参数，通过调整权重参数 θ 来降低每次迭代训练时的均方误差。深度 Q 网络的训练通过最小化误差函数来进行迭代更新，动作值误差函数定义如下。

$$L(\theta) = E\{[y_i - Q(s_i,a_i,\theta_i)]^2\} \tag{6-12}$$

式中，y_i 为优化目标值，$y_i = r + \varepsilon \max_{a'} Q(x', a', \theta_i^-)$。

6.2.2 基于固定线路行驶信息的深度强化学习策略架构

基于固定线路行驶信息的 Deep Q-Learning 能量管理策略架构如图 6-5 所示。基于固定线路行驶信息的规划，在此基础开展深度强化能量管理策略，该策略架构具有以下特点：①有效利用车联网平台对固定线路行驶的公交客车进行全局规划，得到近似最优的 SOC 轨迹和模式切换规则，优化电能使用；②基于 Deep Q-Learning 实现对动力源转矩的分配，提高算法对高维度状态变量的处理能力，改善其控制效果。

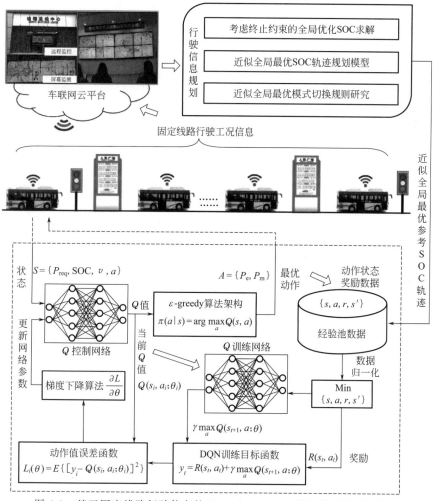

图 6-5 基于固定线路行驶信息的 Deep Q-Learning 能量管理策略架构

下面详细介绍基于固定线路行驶工况信息的 Deep Q-Learning 能量管理策略的原理和关键参数。

能量管理策略的模式确定，基于本书 5.2 节介绍的固定线路合成工况近似全局最优控制得到，通过车联网平台对固定线路行驶的公交客车进行全局规划，得到近似最优的 SOC 轨迹和模式切换规则，优化电能使用。

深度强化学习算法主要实现在混合动力模式下，动力源转矩的优化分配。其中，深度强化学习能量策略中强化学习三个关键参数——状态变量、控制变量和奖励函数的定义已经在 6.1.2 小节进行了说明，这里重点介绍深度强化学习的寻优及训练过程。

如前所述，强化学习的目标是寻找最优策略并使得累计回报最优。为寻找有限状态空间的最优策略，智能体采用 ε-greedy 贪婪算法对策略进行探索与利用，保证利用学习得到的策略能获得更多的回报，同时保持一定探索能力，获取更佳的动作策略。ε-greedy 贪婪算法，具体如下：

$$\pi(a|s) = \begin{cases} random(a \in A), \varepsilon \\ \arg\max_a Q(s,a), 1-\varepsilon \end{cases} \tag{6-13}$$

式中，ε 为探索率，$\varepsilon \in [0,1]$，为算法的可标定值，以概率 ε 随机选择动作，以概率 $1-\varepsilon$ 选择最优策略。

强化学习通过迭代寻优过程得到了最优状态-动作数据对，为深度数据网络提供训练样本数据。由于深度 Q 网络对动作值函数进行估计时，神经网络对连续数据样本学习容易导致局部极小或发散，因此 Deep Q-Learning 采用经验回放机制。将强化学习迭代过程的样本数据存储于经验池 D 中，如下所示。

$$e(t) = \{s(t), a(t), r(t), s'\} \tag{6-14}$$

$$D(t) = \{e(1), e(2), \cdots, e(t)\} \tag{6-15}$$

式中，$e(t)$ 表示智能体在 t 时刻，存储的交互经验数据组。

从经验池 D 中随机抽取样本，归一化处理后，基于训练目标函数和误差函数，通过梯度下降类算法对深度 Q 网络进行训练，使动作值函数的估计值不断接近目标值，当误差极小时，即认为完成了深度强化学习算法的训练过程，应用梯度下降类算法更新深度 Q 网络参数 θ_i，如下所示。

$$\frac{\partial L}{\partial \theta_i} = E\left\{[y_i - Q(s,a,\theta_i)]\frac{\partial Q(s,a,\theta_i)}{\partial \theta_i}\right\} \tag{6-16}$$

式中，$\frac{\partial L}{\partial \theta_i}$ 由基于动作值的误差函数求偏导数计算得到。

6.2.3　Deep Q-Learning 能量管理策略算法设计

Deep Q-Learning 能量管理策略算法设计流程如图 6-6 所示，其核心是在行驶工况范围内，通过最优策略搜索得到最优状态-动作数据组，存储经验池数据并提取及归一化，确定训练目标函数和误差函数，进行深度 Q 网络训练并更新网络新参数，完成深度强化学习算法设计。

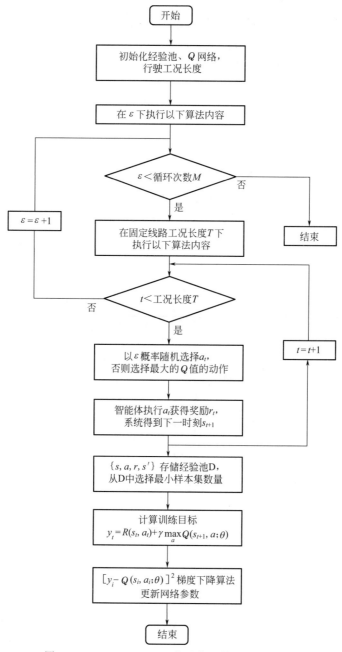

图 6-6 Deep Q-Learning 能量管理算法设计流程

6.3 基于固定线路全局优化的深度强化学习能量管理策略验证

本章提出了基于固定线路全局优化的深度强化学习能量管理策略（Fixed Driving Information Global Optimization Deep Q Learning Energy Management

Strategy，F-DQL-EMS），为验证所建立的 F-DQL-EMS 智能能量管理策略的控制效果，本节结合固定线路合成工况和随机工况，分别从能量管理策略的最优性和工况适应性两个方面进行验证分析，并与基于动态规划的全局优化能量管理策略（DP-EMS）、基于固定逻辑规则的能量管理策略（RB-EMS）进行对比分析。

6.3.1 F-DQL-EMS 智能能量管理策略的最优性

在固定线路合成工况条件下，基于固定线路全局优化的深度强化学习能量管理策略，其工况跟随性仿真结果如图 6-7 所示，目标车速和实际车速基本完全一致，表明所提出的能量管理策略在合成工况条件下能够满足行驶工况对动力性的需求。

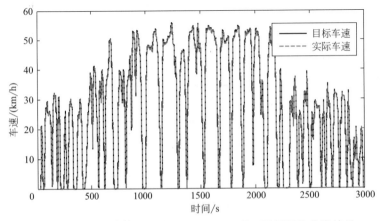

图 6-7 固定线路合成工况下 F-DQL-EMS 的工况跟随性仿真结果

固定线路合成工况下 F-DQL-EMS 的 SOC 变化如图 6-8 所示。终止时刻的电池 SOC 为 49.89%，可见，F-DQL-EMS 策略能有效实现行星式混合动力系统电量平衡。

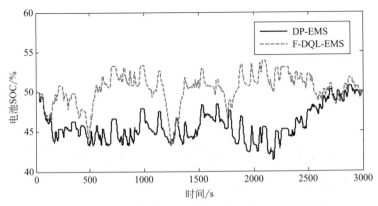

图 6-8 固定线路合成工况下 F-DQL-EMS 的 SOC 变化

F-DQL-EMS 策略的 SOC 轨迹与 DP-EMS 的 SOC 有明显差别，原因在于 F-DQL-EMS 没有像 HO-EMS 策略那样建立 SOC 跟随控制策略，此外 F-DQL-EMS 的转矩分配规则也不同于 DP-EMS。为了评估 F-DQL-EMS 的燃油经济性，与 DP-EMS 和 RB-EMS 进行对比讨论分析。燃油经济性结果如表 6-1 所示。在 SOC 终止值为 50% 的前提条件下，F-DQL-EMS 相比于 RB-EMS 在合成工况条件下油耗结果降低了 1.41L/100km/h，节油效果有较好的提升，节油率为 8.23%。

表 6-1 燃油经济性对比

能理管理策略	油耗/[L/100(km/h)]	初始 SOC/%	终止 SOC/%
RB-EMS	17.12	50.00	50.31
DP-EMS	14.65	50.00	50.02
F-DQL-EMS	15.71	50.00	49.89

为了详细对比 F-DQL-EMS 和 DP-EMS 两种策略的特点，首先在固定线路合成工况条件下，统计两种策略的发动机工作点分布情况，如图 6-9 所示。可见，F-DQL-EMS 策略的发动机工作点分布在中低转速与 DP-EMS 发动机工作点分布有相似特点，但在中高转速区域时则与 DP-EMS 策略分布情况明显不同。

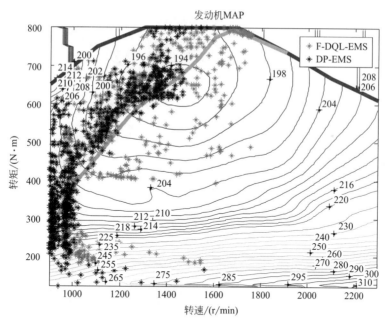

图 6-9 F-DQL-EMS 和 DP-EMS 发动机工作点对比

进一步，统计 F-DQL-EMS 的发动机工作点以及时间比例分布，如图 6-10 所示。可以看出，F-DQL-EMS 发动机转速的范围通常为 800~1400r/min。大多数情况下发动机负载范围在 60% 以下。相比于 DP-EMS，发动机工作点处在高效区间范围较少。

基于 5.4.1 小节中介绍的混合动力系统平均综合传动效率的概念，针对 F-DQL-EMS 策略优化计算结果进一步开展能耗统计分析，说明策略优化的原理

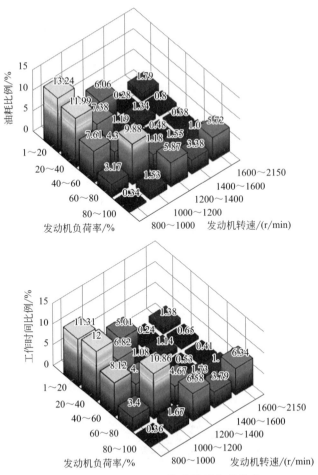

图 6-10 F-DQL-EMS 发动机工作点分布

和效果。三种能量管理策略能耗统计结果对比如表 6-2 所示。DP-EMS 发动机效率为 43.35%，高于 F-DQL-EMS，这与前面对于发动机工作点分布的分析一致。虽然 F-DQL-EMS 发动机效率低于 RB-EMS，但是平均综合传动效率达到 82.92%，明显高于 RB-EMS。综上，F-DQL-EMS 获得优于 RB-EMS 的燃油经济性，说明所提出的基于固定线路全局优化的深度强化学习能量管理策略相比于当前工程应用的 RB-EMS 有效提升了策略的最优性。

表 6-2 三种能量管理策略能耗统计结果对比

项目	能量管理策略		
	RB-EMS	DP-EMS	F-DQL-EMS
SOC_{ini}/SOC_{end}	50.00/50.31	50.00/50.02	50.00/49.89
$b_{e,avg}/[g/(kW \cdot h)]$	198.14	195.42	203.62
$\eta_{ice}/\%$	42.75	43.35	41.6
$E_{wh}/(kW \cdot h)$	17.68	17.68	17.68

续表

项目	能量管理策略		
	RB-EMS	DP-EMS	F-DQL-EMS
$E_{rgb}/(kW \cdot h)$	6.43	6.43	6.43
$E_{ice}/(kW \cdot h)$	16.65	14.28	14.89
$\eta_{tr}/\%$	76.6	85.34	82.92

6.3.2 F-DQL-EMS 智能能量管理策略的工况适应性

固定线路行驶工况虽呈现明显规律性，但仍存在随机不确定性。针对工况不确定因素对策略适应性的影响，随机选取该线路的不同特点的行驶工况进行仿真验证。在随机工况条件下，所提出 F-DQL 智能能量管理策略工况跟随性良好，其仿真结果如图 6-11 所示，目标车速和实际车速基本完全一致，能够满足行驶工况对动力性的需求。

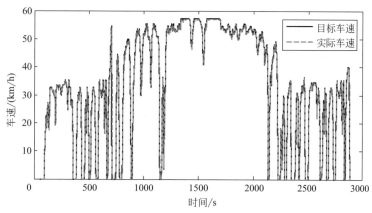

图 6-11 随机工况下 F-DQL-EMS 的工况跟随性仿真结果

为了评估 F-DQL-EMS 在随机工况下的燃油经济性，与 DP-EMS 和 RB-EMS 进行对比分析。随机工况下三种策略的燃油经济性对比如表 6-3 所示。在 SOC 终止值为 50% 的前提条件下，F-DQL-EMS 相比于 RB-EMS 在随机工况条件下油耗结果降低了 1.27L/100km，节油效果明显，节油率为 7.8%。但与 F-DQL-EMS 和理论最优的 DP-EMS 的优化结果还有一定的差距。

表 6-3 随机工况下三种策略的燃油经济性对比

能理管理策略	油耗/[L/(100km·h)]	初始 SOC/%	终止 SOC/%
RB-EMS	16.3	50.00	50.05
DP-EMS	13.7	50.00	50.02
F-DQL-EMS	15.03	50.00	49.89

基于混合动力系统平均综合传动效率的概念，在随机行驶工况条件下，进

一步开展能耗统计分析，说明 F-DQL-EMS 在随机行驶工况条件下的优化的原理和效果。随机工况下三种能量管理策略能耗统计结果如表 6-4 所示。F-DQL-EMS 的平均综合传动效率明显优于 RB-EMS。可见在随机工况条件下，也得到了与合成工况类似的结果，说明 F-DQL-EMS 在随机工况下仍具有良好的燃油经济性，能够适应工况变化，策略的工况适应性良好。

表 6-4 随机工况下三种能量管理策略能耗统计结果

项目	能量管理策略		
	RB-EMS	DP-EMS	F-DQL-EMS
SOC_{ini}/SOC_{end}	50.00/50.105	50.00/50.02	50.00/49.89
$b_{e,avg}/[g/(kW·h)]$	198.84	195.17	206.6
$\eta_{ice}/\%$	42.6	43.4	41
$E_{wh}/(kW·h)$	17.3	17.3	17.3
$E_{rgb}/(kW·h)$	4.84	4.84	4.84
$E_{ice}/(kW·h)$	18.57	15.74	16.3
$\eta_{tr}/\%$	73.87	84.03	81.83

6.4 硬件在环试验

本章完成了基于固定线路全局优化的深度强化学习能量管理策略的搭建与仿真，初步验证了该智能能量管理策略的控制效果。

为了验证上述智能能量管理策略在实际控制器中的控制效果和实时性，本节在固定线路合成工况条件下进行 HIL 试验。F-DQL-EMS 车速跟随对比如图 6-12 所示。可以看出，离线仿真和 HIL 试验的结果基本一致，车速跟随良好，满足动力性需要。

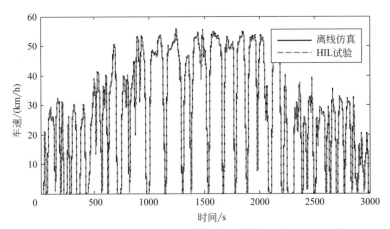

图 6-12 F-DQL-EMS 车速跟随情况对比

固定线路合成工况下 F-DQL-EMS 的 SOC 变化如图 6-13 所示。可见，在实时环境下，F-DQL-EMS 策略仍能实现良好的电量维持，离线仿真和 HIL 试验结果的基本一致。由于模拟实车情况设置通信协议中电池 SOC 信号的分辨率为 0.5%，因此 CAN 总线采集得到的 SOC 信号呈现阶梯状变化。

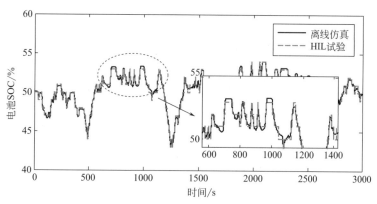

图 6-13　固定线路合成工况下 F-DQL-EMS 的 SOC 变化

F-DQL-EMS 工作点对比如图 6-14 所示。可见，F-DQL-EMS 策略的离线仿真和 HIL 试验的结果基本一致，由于信号精度以及在线传输速度等原因出现少量偏差，但误差在合理范围以内，说明能量管理策略对于发动机的控制能够达到预期目的。

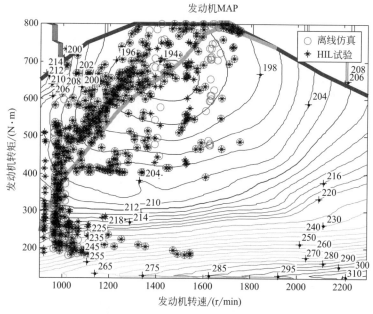

图 6-14　F-DQL-EMS 工作点对比

固定线路合成工况下燃油经济性的对比如表 6-5 所示。可见，F-DQL-EMS 策略的硬件在环试验与离线仿真的结果基本一致，所提出的 F-DQL-EMS 策略在实时环境下能够取得良好的控制效果。此外，与离线仿真结果进行比较，F-DQL-EMS 的硬件试验结果与离线仿真结果相差略小，HO-EMS 的硬件试验结果与离线仿真结果相差略大，进一步可以预见，F-DQL-EMS 控制策略亦可用于实车在线能量管理，且能够取得与离线仿真更加一致的、良好的控制效果。

表 6-5　固定线路合成工况下燃油经济性的对比

能量管理策略		油耗/[L/(100km·h)]	初始/终止 SOC/%	时间/难易
HO-EMS	离线仿真	15.18	50.00/49.71	3min
	HIL 试验	15.46	50.00/49.8	易
F-DQL-EMS	离线仿真	15.71	50.00/49.89	2.5min
	HIL 试验	15.92	50.00/49.93	较易

通过对以上所提出的 F-DQL-EMS 智能能量管理策略的硬件在环试验，将控制器部分以真实硬件的形式接入试验回路，有效模拟控制对象运行并排查策略可能错误，达到整个系统的完整性能预测与分析，可以为 F-DQL-EMS 策略进行实车验证奠定良好的基础。

6.5　两种智能能量管理策略对比分析

本书第 5 章和第 6 章分别结合一定的车联网行驶工况信息，从不同角度探索两种智能能量管理策略：第 5 章基于最优化理论和自适应控制原理从提升行驶工况信息利用程度考虑，分析了能量管理策的最优性和适应性问题；第 6 章则以近年研究热点的学习型智能算法为切入点，结合学习型智能算法的不断适应环境变化的特点，基于行驶工况信息的数据挖掘结果，探索提出一种基于固定线路行驶工况信息的深度强化学习智能能量管理策略。

以上两种能智能能量管理策略都取得了较好的控制效果，且在实时仿真环境下均具备良好的实时性。本节结合两种基准策略 RB-EMS 和 DP-EMS，对这两种智能能量管理策略进行策略最优性和工况适应性的对比分析，总结分析两种策略的特点和优势。

6.5.1　智能能量管理策略的最优性

在固定线路合成工况条件下，所提出的 HO-EMS 和 F-DQL-EMS 智能能量管理策略在满足动力性的要求时，与 RB-EMS 和 DP-EMS 的燃油经济性对比结果，如表 6-6 所示。

表 6-6　智能能量管理策略最优性对比

能量管理策略	油耗/[L/(100km·h)]	初始 SOC/%	终止 SOC/%
RB-EMS	17.12	50.00	50.31
DP-EMS	14.65	50.00	50.02
HO-EMS	15.18	50.00	49.81
F-DQL-EMS	15.71	50.00	49.89

HO-EMS 相比于 RB-EMS，在合成工况条件下油耗结果降低了 1.94L/100km/h，节油效果明显，节油率为 11.33%。F-DQL-EMS 相比于 RB-EMS 油耗降低了 1.41L/100km，节油率为 8.23%。可见 HO-EMS 与 DP-EMS 结果较为接近，取得了与 DP-EMS 较为相似的燃油经济性结果。

基于混合动力系统平均综合传动效率的概念，针对上述四种策略进一步开展能耗统计分析。四种能量管理策略能耗统计结果如表 6-7 所示。DP-EMS 发动机效率和平均综合传动效率都明显优于 HO-EMS 和 F-DQL-EMS。HO-EMS 的发动机效率、平均综合传动效率均与 DP-EMS 更为接近，可见 HO-EMS 在最优性方面更加接近 DP-EMS。因此，HO-EMS 相比于 F-DQL-EMS 具有更佳的燃油经济性。

表 6-7 四种智能能量管理策略能耗统计结果对比

项目	能量管理策略			
	RB-EMS	DP-EMS	HO-EMS	F-DQL-EMS
SOC_{ini}/SOC_{end}	50.00/50.31	50.00/50.02	50.00/49.81	50.00/49.89
$b_{e,avg}/[g/(kW \cdot h)]$	198.14	195.42	197.64	203.62
$\eta_{ice}/\%$	42.75	43.35	42.86	41.6
$E_{wh}/(kW \cdot h)$	17.68	17.68	17.68	17.68
$E_{rgb}/(kW \cdot h)$	6.43	6.43	6.43	6.43
$E_{ice}/(kW \cdot h)$	16.65	14.28	14.64	14.89
$\eta_{tr}/\%$	76.6	85.34	83.91	82.92

6.5.2 智能能量管理策略的工况适应性

固定线路行驶工况虽呈现明显规律性，但仍存在随机不确定性。针对工况的不确定因素对策略适应性的影响，随机选取该线路不同特点的行驶工况进行仿真验证。随机工况下燃油经济性的对比如表 6-8 所示。

表 6-8 随机工况下燃油经济性的对比

能理管理策略	油耗/[L/(100km·h)]	初始 SOC/%	终止 SOC/%
RB-EMS	16.3	50.00	50.05
DP-EMS	13.7	50.00	50.02
HO-EMS	14.63	50.00	50.05
F-DQL-EMS	15.03	50.00	49.89

F-DQL-EMS 相比于 RB-EMS 在随机工况下油耗降低了 1.27L/100km/h，节油率为 7.8%。HO-EMS 相比于 RB-EMS 油耗结果降低了 1.67L/100km/h，节油效果明显，节油率为 10.2%。对比 HO-EMS 与 DP-EMS 节油率的变化，发现在工况变化的情况下（由合成工况变为随机工况），F-DQL-EMS 节油率的变化幅度相对较小，该工况变化带来的节油率变动为 0.43%，而 HO-EMS 节油率的变化幅度相对较大，变动为 1.1%。

基于混合动力系统平均综合传动效率的概念，针对策略优化计算结果进一步开展统计分析。随机工况下能量管理策略的能耗统计结果对比如表 6-9 所示。可见，HO-EMS 发动机效率和平均综合传动效率优于 F-DQL-EMS，说明了两者油耗存在的差异。综上，在工况适应性方面，HO-EMS 的节油率效果优于 F-DQL-EMS，而 F-DQL-EMS 的优势在于节油率的变化幅度相对较小。

表 6-9 随机工况下能量管理策略的能耗统计结果对比

项目	能量管理策略			
	RB-EMS	DP-EMS	HO-EMS	F-DQL-EMS
SOC_{ini}/SOC_{end}	50.00/50.05	50.00/50.02	50.00/50.05	50.00/49.89
$b_{e,avg}/[g/(kW \cdot h)]$	198.84	195.17	197.91	206.6
$\eta_{ice}/\%$	42.6	43.4	42.8	41
$E_{wh}/(kW \cdot h)$	17.3	17.3	17.3	17.3
$E_{rgb}/(kW \cdot h)$	4.84	4.84	4.84	4.84
$E_{ice}/(kW \cdot h)$	18.57	15.74	16.1	16.3
$\eta_{tr}/\%$	73.87	84.03	82.62	81.83

6.5.3 智能能量管理策略的总结分析

基于对所提出的两种智能能量管理策略的对比分析得出：在能量管理策略的最优性方面，所提出的分层优化自适应智能能量管理策略，比基于固定线路合成工况的深度强化学习能量管理策略取得了更加显著的控制效果；在工况适应性方面，在工况变化的情况下，HO-EMS 的节油效率效果优于 F-DQL-EMS，而 F-DQL-EMS 的优势在于节油效率的变化幅度相对较小。

总结分析原因如下：①在策略最优性方面，由于分层优化自适应智能能量管理策略的架构从行驶工况信息的两个维度考虑，包括历史数据的固定线路合成工况信息和未来行驶工况预测的信息，因此策略架构提升了工况信息的利用程度并从全局规划和实时优化两个方面开展，HO-EMS 最优性优于 F-DQL-EMS；②在工况适应性方面，F-DQL-EMS 基于深度强化学习算法不断适应环境变化的特点，受工况变化对燃油经济性的影响较小。因此，可以预见，未来学习型智能能量管理策略如何有效融合丰富的行驶工况信息，实现预测环境信息与策略的交互适应性控制，也将在最优性方面取得显著的控制效果。

6.6 本章结语

本章结合近年来新型的 AI 技术和智能算法，以固定线路城市公交客车为研究对象，基于行驶工况信息的数据挖掘结果，探索提出一种基于固定线路全局优化的深度强化学习智能能量管理策略，并对其进行了仿真验证及硬件在环测试验证。通过对两种智能能量管理策略进行对比分析得出：在能量管理策略的最优性方面，所提出的 HO-EMS 比 F-DQL-EMS 取得了更加显著的控制效果。在能量管理策略的工况适应性方面，在工况变化时，HO-EMS 仍能取得更加明显的节油效果，而 F-DQL-EMS 受到工况不确定性变化带来的节油率影响较小。

第 7 章

全书总结

7.1 内容总结
7.2 未来展望

7.1　内容总结

开发更安全、更高效、更节能、更可靠的混合动力商用车,逐渐成为商用车行业发展的共性需求。然而,国内商用车混动领域存在较大的优化空间,如何优化地设计系统和能量管理以充分挖掘混合动力系统的节能潜力是当前亟待解决的关键问题。为此,本书在汽车"节能减排"与"网联化"的时代背景下,从混合动力系统特点出发,围绕车辆混合动力系统的高效优化设计,以及利用车联网信息提高车辆混合动力系统的节能潜力两方面开展技术介绍。

针对混合动力系统所存在的设计问题,本书以某混合动力重型商用车作为实例,介绍了一种基于构型拓扑的混合动力系统参数-控制双层优化设计方法,并对不同构型方案开展优化设计,针对不同方案从成本和燃油经济性两个角度进行了对比分析。首先,开展了对于重型商用车混合动力系统构型拓扑的分析,将拓扑生成问题描述为约束满足问题并利用回溯算法进行搜索求解,通过搜索得到的所有适用的拓扑方案,并对各构型方案从成本、系统复杂度、功能实用性上进行定性分析,确定优化设计的构型对象为 P2、P3、EVT 三种构型;其次,针对三种构型进行优化设计,分析优化设计结果得到三种构型设计变量,包括发动机、电机功率与转矩、变速器速比和挡位数、主减速器速比、行星排特征参数的取值趋势和范围;最后,针对重型商用车使用场景,从成本和燃油经济性角度对三种构型优化结果进行横向对比,得出成本上 P2 最低、P3 次之、EVT 最高,燃油经济性上 P2 最优、P3 和 EVT 相当的结论,其可为我国混合动力重型商用车的发展提供参考和借鉴。

结合当前汽车网联化和智能化融合发展的重要方向,为解决混合动力能量管理控制策略因行驶工况信息利用程度不高,而导致策略最优性和工况适应性不强问题,本书以某插电混合动力公交客车作为实例,基于车联网平台行驶工况信息,介绍了混合动力车辆智能能量管理控制策略,可总结如下三点贡献。

① 介绍了基于车联网信息的固定线路公交客车行驶工况数据挖掘方法。针对车联网平台工况数据的特点,介绍了行驶工况数据处理方法,分析了公交客车行驶工况特征与能耗特性的关系,确定了与车辆比能耗相关的 7 个工况特征参数。基于此,从行驶工况数据的历史和未来两个维度考虑,介绍了基于能耗特性与线路特征参数的固定线路行驶工况合成方法,能够有效合理地反映原始工况的数据特征;基于能耗特性与线路特征参数的未来行驶工况智能预测方法,有效提升了工况预测的精度和鲁棒性;通过对影响工况预测精度的因素分析,得出样本输入时间窗的变化对工况预测精度的影响较小,滚动时域对工况预测精度影响最为明显的结论;针对插电混合动力公交客车,确定了未来工况预测模型的三个关键参数分别是输入时间窗为 90s、预测时域为 10s、滚动更新时域为 1s。

② 介绍了基于工况信息的分层优化自适应智能能量管理策略 HO-EMS。针对能量管理策略对于行驶工况信息利用程度不高的问题,结合车联网行驶工况

信息的历史和未来两个维度的数据挖掘结果,介绍了一种基于工况信息的分层优化自适应智能能量管理策略架构,可实现智能能量管理策略对于行驶工况信息的全局规划和局部实时优化,上层控制基于固定线路典型合成工况,从全局优化角度规划最优 SOC 轨迹,下层控制基于未来预测工况,从局部优化角度对转矩进行自适应分配。针对插电混合动力公交客车对象,所提出的分层优化智能能量管理策略 HO-EMS 接近 DP-EMS 结果,比 RB-EMS 燃油经济性提升了 11.33%,同时智能能量管理策略也能良好地适应性工况变化,并取得了较好的燃油经济性。因此,所提出的智能能量管理策略可有效提升能量管理的最优性和工况适应性。基于固定线路合成工况,对 HO-EMS 智能能量管理策略在真实控制器中的控制效果进行了硬件在环试验,实时仿真环境下的试验结果证明所提出的控制策略具备良好实时性和控制效果。

③ 介绍了基于固定线路全局优化的深度强化学习能量管理策略 F-DQL-EMS。结合车联网固定线路行驶工况信息的数据挖掘结果,介绍了基于固定线路全局优化的深度强化学习能量管理策略架构,利用车联网平台对固定线路行驶的公交客车进行全局规划,得到近似最优的模式切换规则,基于 Deep Q-Learning 在混合动力模式下实现对动力源转矩的分配,所提出的算法有效提高了能量管理策略的最优性和工况适应性。基于固定线路合成工况,对智能能量管理策略 F-DQL-EMS 在真实控制器中的控制效果进行了硬件在环试验,实时仿真环境下的试验结果证明所提出的控制策略具备良好实时性和控制效果。此外,通过对两种智能能量管理策略进行对比分析得出:在能量管理策略的最优性方面,所提出的 HO-EMS 比 F-DQL-EMS 取得了更加显著的控制效果。在能量管理策略的工况适应性方面,HO-EMS 仍能取得更加明显的节油效果,但 F-DQL-EMS 受到工况不确定性变化带来的节油率影响较小。

综上,本书在当前能源紧张、环保提升和社会公众对车辆节能减排提出巨大需求的环境下,充分结合汽车"网联化"时代背景,提出了一整套从混合动力系统优化设计和智能能量管理的关键技术,通过计算机离线仿真、硬件在环实验平台完成最终验证的完整流程,创新性地有效挖掘了车联网信息用于能量管理优化控制,充分发挥了车辆混合动力系统的节能潜力,为汽车深度节能技术的发展奠定了重要基础。

7.2 未来展望

本书在汽车混合动力系统的高效优化设计及基于车联网平台行驶工况信息的智能能量管理控制两方面进行了详尽地介绍,但受当下行业技术现状及编者研究时间、试验条件限制,本书在以下方面仍有待做进一步探索和扩展。

① 混合动力系统构型是一个非常开放的话题,本书给出的拓扑搜索方法只是基于所选择的有限部件,实际上可能考虑对更多部件进行组合,部件本身的功能也可能改变,这些都会大大扩大可行构型的空间。此外,面向其他应用场景和车辆类型可能有其他与之相匹配的优化系统方案,但本书所提出的方法对

于混合动力系统优化设计具有指导意义，更多的混合动力构型方案值得进一步探索。

② 为使所设计的混合动力系统性能更佳，还需要对混合动力系统瞬态过程，节能与动态品质等多目标进行更进一步的优化设计，即需要考虑更多、更具体的设计变量、约束条件和性能指标。

③ 受限于目前现实条件和实际情况，本书当前所采用的车联网数据主要依据远程监控平台与单车车辆间的通信，随着 V2X 进一步推广和广泛应用，期望未来能够现实多车通信数据、车与交通通信数据的应用，为能量管理策略提供实时和全面的动态数据，进而建立更加准确的实时交互行驶工况环境信息。

④ 本书针对学习型智能能量管理策略的介绍，所采用的行驶工况仅从历史数据合成工况的单一维度考虑，未来将融合更加丰富的交互环境信息，实现多维度的行驶工况信息与预测型学习智能算法的在线结合应用，进而实现本书所介绍智能能量管理策略最优性和工况适应性的进一步提升。

名词简写

简写	全称	简写	全称
MDO	Multidisciplinary Design Optimization	TSP	Traveling Salesman Problem
CSP	Constraint Satisfaction Problem	GPS	Global Positioning System
CVT	Continuously Variable Transmission	T-BOX	Telematics Box
DP	Dynamic Programming	MPU	Micro Processor Unit
GA	Genetic Algorithm	MCU	Micro Control Unit
SA	Simulated Annealing	CAN	Controller Area Network
PSO	Particle Swarm Optimization	RFID	Radio Frequency Identification
APU	Auxiliary Power Unit	MAE	Mean Absolute Error
MOGA	Multi-Objective Genetic Algorithm	RMSE	Root Mean Square Error
MOP	Multi-objective Optimization Problem	MRE	Mean Relative Error
ICV	Intelligent connected vehicles	SC	Silhoiette Coefficient
MPC	Model Predictive Control	LS-SVM	Least Squares Support Vector Machines
V2X	Vehicle to Everything	BP-NN	Back Propagation Neural Network
LSTM-NN	Long Short-Term Memory Neural Network	RBF	Radial Basis Function
RB-EMS	Rule-based Energy Management Strategy	EF	Equivalent Factor
CD-CS	Charge Depleting-Charge Sustaining	LQR	Linear Quadratic Regulator
PMP	Pontryagins Minimum Principle	HO-EMS	Hierarchical Optimal Intelligent Energy Management Strategy
K-NN	K-Nearest Neighbours	HIL	Hardware In the Loop
A-ECMS	Adaptive Equivalent Consumption Minimization Strategy	DRL	Deep Reinforcement Learning
ITS	Intelligent Traffic System	F-DQL-EMS	Fixed Driving Information Global Optimization Deep Q Learning Energy Management Strategy
NSGA Ⅱ	Non-dominated Sorting Genetic Algorithm-Ⅱ		

名词索引

（按汉语拼音字母排序）

B

比能量 …………………………………………………………………… 092，093，096
BP 神经网络 ……………………………………………………………… 103，105

C

车联网 …………… 011，018，022，024，069～078，083，084，086～088，
　　　　　　　　　101，105，116，128，135，161，170，175～177

D

等效因子 ………………………………………………………………… 017，021，135～140
动态规划 ……………………… 009，010，020，023，116，121，123～125，128，164
Deep Q-Learning 能量管理策略 ………………………………………… 161，162

F

非支配排序遗传算法 …………………………………………………………… 026
分类分析 ………………………………………………………………………… 087
分层优化自适应智能能量管理策略 ………… 116，125～127，140，142，147，
　　　　　　　　　　　　　　　　　　　148，153，172，175，176
F-DQL-EMS 智能能量管理策略 ……………………… 153，164，167，170

G

构型拓扑生成 ……………………………………………………………………… 026

H

混合动力商用车 ………………………………………………………… 004，024，175
回溯法 …………………………………………………… 008，026，030，035，066
回归分析 ………………………………………………………… 087，093，096，133
哈密顿函数 ……………………………………………………………………… 136

J

机器学习 ………………………………………………………… 008，022，077，155
聚类分析 ………………………………………………………… 017，087，098，099

奖励函数 ·· 158，162
经验池 ··· 162

K

控制参数 ······················ 008～011，013，016，021，041，046，048，067
卡尔曼滤波 ·· 077
K-means 聚类算法 ·· 017，021，087

L

粒子滤波 ·· 077
轮廓系数评估法 ·· 099
离散化误差 ·· 156

M

目标函数 ··················· 009，010，020，021，026，040～049，051，054，
　　　　　　　　　　　　　　　　　　　　　　059，067，139，158，162
马尔可夫法 ·· 017，018，087，098
模糊神经网络 ······································· 022，127，131，133～135

N

NLPQL 算法 ··· 026，041，067

P

庞特里亚金极值原理 ·· 136，138

Q

全局最优控制 ·· 127，135，161
强化学习 ·· 021，155～162
Q 网络 ··· 160，162

S

双层参数优化 ·· 040
设计变量 ················ 004，009，010，026，040，041，043～045，048～051，
　　　　　　　　　　　　　　054～056，059，060，067，175，177
数字滤波 ··· 077
神经网络 ················ 017，018，077，078，087，103，105，128，132，
　　　　　　　　　　　　　　　　　　　　　　133，156，159～162
数据挖掘 ················ 069，073，086，087，093，098，103，114，
　　　　　　　　　　　　　　116，125，133，155，170，172，175
双行星排式混合动力系统 ·············· 073，078，117～119，121，123，136，137

深度强化学习 …………… 155~159，161~164，166，168，170，172，173，176

T

贪婪算法 ………………………………………………………………… 162

X

新能源汽车 ………………………………………… 002，003，011，023，069
小波滤波 …………………………………………………… 077~079，082，084
线性二次型调节器 ……………………………………………………… 135，140

Y

优化设计 …… 004，005，009，010，020，026，039~045，065~067，175~177
约束条件 …………… 020，026，028~030，035，040，041，044，045，048，
066，067，104，128，135，136，141，177
预测分析 ……………………………………………………………… 087，103

Z

智能网联汽车 …………………………………………………………………… 011
智能能量管理 ………… 004，011，023，024，116，121，125~127，140，142，
147，148，150，153，155~157，159，164，
167，168，170~173，175~177
中值滤波 ………………………………………………………………………… 077
支持向量机 ……………………………………………………… 077，087，103
最小二乘支持向量机 …………………………………………………………… 103
最优化理论 ………………………………………………… 116，125，155，170
自适应智能控制原理 ………………………………………………… 116，125

名词索引 181

参 考 文 献

[1] 郑传笔，朱基荣. 浅谈新能源商用车发展趋势 [J]. 重型汽车，2019，170（02）：44-46.

[2] 囤金军，宋金香. 燃料电池的发展现状 [J]. 中国科技信息，2020（Z1）：52-53.

[3] Nuesch T，Ott T，Ebbesen S，et al. Cost and fuel-optimal selection of HEV topologies using Particle Swarm Optimization and Dynamic Programming [C] // American Control Conference. IEEE，2012.

[4] Martins J R R A，Lambe A B. Multidisciplinary Design Optimization：A Survey of Architectures [J]. AIAA Journal，2013，51（9）：2049-2075.

[5] Fathy H K，Reyer J A，Papalambros P Y，et al. On the coupling between the plant and controller optimization problems [C] // American Control Conference. IEEE，2001.

[6] Silvas E，Hofman T，Murgovski N，et al. Review of Optimization Strategies for System-Level Design in Hybrid Electric Vehicles [J]. IEEE Transactions on Vehicular Technology，2017，66（1）：57-70.

[7] Silvas E，Bergshoeff E，Hofman T，et al. Comparison of Bi-Level Optimization Frameworks for Sizing and Control of a Hybrid Electric Vehicle [C] // Vehicle Power & Propulsion Conference. IEEE，2014.

[8] Emadi A，Rajashekara K，Williamson S S，et al. Topological overview of hybrid electric and fuel cell vehicular power system architectures and configurations [J]. IEEE Transactions on Vehicular Technology，2005，54（3）：763-770.

[9] Bayrak A. Topology Considerations in Hybrid Electric Vehicle Powertrain Architecture Design [D]. University of Michigan，2015.

[10] 李晓英，于秀敏，李君，等. 串联混合动力汽车控制策略 [J]. 吉林大学学报（工学版），2005，35（2）：122-126.

[11] 曾小华. 混合动力耦合系统构型与耦合装置分析设计方法 [M]. 北京：北京理工大学出版社，2015.

[12] 田方，耿志勇，陈琳，等. 重型商用车混合动力构型研究 [J]. 北京：汽车实用技术，2018（18）.

[13] Ehsani M，Gao Y，Miller J M. Hybrid electric vehicles：Architecture and motor drives [J]. Proceedings of the IEEE，2007，95（4）：719-728.

[14] 张昶，付磊. 48V系统技术发展概述 [J]. 汽车文摘，2019，516（01）：14-19.

[15] 宋瑞芳. 功率分流式双模混合动力系统构型设计方法研究 [D]. 长春：吉林大学，2014.

[16] 陈琴琴. 功率分流式双模混合动力客车控制策略与参数优化研究 [D]. 长春：吉林大学，2017.

[17] 庄伟超. 多模混合动力汽车最优设计方法与模式切换控制研究 [D]. 南京：南京理工大学，2017.

[18] Fileru，Florin I. Toyota Prius-A Successful Pioneering in Hybrid Vehicle World [J]. Applied Mechanics & Materials，2015，809-810：1139-1144.

[19] 杨南南. 双行星混联式客车的优化设计与动态控制 [D]. 长春：吉林大学，2015.

[20] 曹也. 基于串/并联构型的混联式混动系统整车控制策略研究 [D]. 长春：吉林大学，2019.

[21] Bayrak，Alparslan，Emrah，et al. Topology Generation for Hybrid Electric Vehicle Architecture Design [J]. Journal of Mechanical Design，2016，138（8）：081401.

[22] Zhang X，Li C T，Kum D，et al. Prius（＋）and Volt（－）：Configuration Analysis of Power-Split Hybrid Vehicles With a Single Planetary Gear [J]. IEEE Transactions on Vehicular Technology，2012，61（8）：3544-3552.

[23] Silvas E，Hofman T，Serebrenik A，et al. Functional and Cost-Based Automatic Generator for Hybrid Vehicles Topologies [J]. IEEE/ASME Transactions on Mechatronics，2015，20（4）：1561-1572.

[24] Kort A J，Wijkniet J，Serebrenik A，et al. Automated Multi-Level Dynamic System Topology Design Synthesis [J]. Vehicles，2020，2（4）：603-624.

[25] Bayrak A E，Ren Y，Papalambros P Y. Design of Hybrid-Electric Vehicle Architectures Using Auto-Generation of Feasible Driving Modes [C] // Asme International Design Engineering Technical Conferences & Computers & Information in Engineering Conference，2013.

[26] Bayrak A E，Ren Y，Papalambros P Y. Topology Generation for Hybrid Electric Vehicle Architecture Design [J]. Journal of Mechanical Design，2016，138（8）：081401.

[27] Liu J, Peng H. A systematic design approach for two planetary gear split hybrid vehicles [J]. Vehicle System Dynamics, 2010, 48 (11): 1395-1412.

[28] Zhang X, Eben Li S, Peng H, et al. Efficient Exhaustive Search of Power-Split Hybrid Powertrains With Multiple Planetary Gears and Clutches [J]. Journal of Dynamic Systems Measurement & Control, 2015, 137 (12): 121006.

[29] 邓淇元. 基于特征工况的EVT混合动力系统图论建模与方案寻优研究 [D]. 重庆: 重庆大学, 2019.

[30] 刘振涛. EVT混合动力传动系统的图论建模与构型综合设计理论研究 [D]. 重庆: 重庆大学, 2016.

[31] 蒋星月. 行星排式混合动力系统构型设计 [D]. 重庆: 重庆大学车辆工程, 2019.

[32] Pourabdollah M, Silvas E, Murgovski N, et al. Optimal sizing of a series PHEV: Comparison between convex optimization and particle swarm optimization [J]. IFAC-PapersOnLine, 2015, 48 (15): 16-22.

[33] Zou Y, Sun F, Hu X, et al. Combined Optimal Sizing and Control for a Hybrid Tracked Vehicle [J]. Energies, 2012, 5 (11): 4697-4710.

[34] Gao W, Mi C. Hybrid vehicle design using global optimisation algorithms [J]. International Journal of Electric and Hybrid Vehicles, 2007, 1 (1): 57-70.

[35] Shojaei A, Strickland D, Scott D, et al. Powertrain optimisation in a hybrid electric bus [C] // IEEE Vehicle Power & Propulsion Conference. IEEE, 2012: 857-862.

[36] Ebbesen S, DNitz C, Guzzella L. Particle swarm optimisation for hybrid electric drive-train sizing [J]. International Journal of Vehicle Design, 2012, 58 (2/3/4): 181-199.

[37] Desai C, Williamson S S. Optimal design of a parallel Hybrid Electric Vehicle using multi-objective genetic algorithms [C] // Vehicle Power and Propulsion Conference, 2009. VPPC'09. IEEE. IEEE, 2009.

[38] Wu L, Wang Y, Yuan X, et al. Multiobjective optimization of HEV fuel economy and emissions using the self-adaptive differential evolution algorithm [J]. IEEE Transactions on vehicular technology, 2011, 60 (6): 2458-2470.

[39] Tate E D, Grizzle J W, Peng H. SP-SDP for Fuel Consumption and Tailpipe Emissions Minimization in an EVT Hybrid [J]. IEEE Transactions on Control Systems Technology, 2010, 18 (3): 673-687.

[40] 中国汽车工程学会. 智能网联汽车信息安全白皮书 (2016) [M]. 北京: 机械工业出版社, 2016.

[41] 李克强, 张书玮, 罗禹贡, 等. 智能环境友好型车辆 (i-EFV) 的概念及其最新进展 [J]. 汽车安全与节能学报, 2013, 4 (2): 109-120.

[42] Yang D, Jiang K, Zhao D. Intelligent and connected vehicles: Current status and future perspectives [J]. Science China (Technological Sciences), 2018, 61 (10): 1446-1471.

[43] Zhang F, Hu X, Langari R, et al. Energy management strategies of connected HEVs and PHEVs: Recent progress and outlook [J]. Progress in Energy & Combustion Science, 2019, 73: 235-256.

[44] 谢伯元, 李克强, 王建强, 等. "三网融合"的车联网概念及其在汽车工业中的应用 [J]. 汽车安全与节能学报, 2013, 4 (4): 348-355.

[45] 李克强, 戴一凡, 李升波, 等. 智能网联汽车 (ICV) 技术的发展现状及趋势 [J]. 汽车安全与节能学报, 2017, 8 (1): 1-14.

[46] Luo Y, Li S, Zhang S, et al. Green light optimal speed advisory for hybrid electric vehicles [J]. Mechanical Systems and Signal Processing, 2017, 87: 30-44.

[47] Cheng B, Zhang W. Driver drowsiness detection based on multisource information [J]. Human Factors and Ergonomics in Manu and Service Indu, 2012, 22 (5): 450-467.

[48] Xu B, Zhang F, Wang J, et al. B&B algorithm-based green light optimal speed advisory applied to contiguous intersections [C] // Conf Int'l Conf Transp Professionals, 2015: 363-375.

[49] Zhang C, Vahidi A. Role of terrain preview in energy management of hybrid electric vehicles [J]. IEEE Transactions on Vehicular Technology, 2010, 59 (3): 1139-1149.

[50] Bouvier H, Colin G, Chamaillard Y. Determination and comparison of optimal eco-driving cycles for hybrid electric vehicles [C] // In: 14th European Control Conference, Austria, 2015: 142-147.

[51] 俞倩雯. 基于车联网的汽车行驶经济车速控制方法 [D]. 北京: 清华大学, 2016.

[52] 海辰. 大金龙"智驱"如何实现高效节油 [J]. 汽车与配件, 2012 (13): 24-26.

[53] Luo Y, Chen T, Li K. Multi-objective decoupling algorithm for active distance control of intelligent hybrid electric vehicle [J]. Mechanical Systems and Signal Processing, 2015, 65: 29-45.

[54] Li S, Li R, Wang J, et al. Stabilizing period control of automated vehicle platoon with minimized fuel consumption [J]. IEEE Transactions on Transportation Electrification, 2017, 99: 1-13.

[55] Zhang F, Xi J, Langari R. Real-Time Energy Management Strategy Based on Velocity Forecasts Using V2V and V2I Communications [J]. IEEE Transactions on Intelligent Transportation Systems, 2017, 18 (2): 416-430.

[56] Yang C, Li L, You S. Cloud computing-based energy optimization control framework for plug-in hybrid electric bus [J]. Energy, 2017, 125: 11-26.

[57] Chen Z, Li L, Yan B. Multimode energy management for plug-in hybrid electric buses based on driving cycles prediction [J]. IEEE Transactions on Intelligent Transportation Systems, 2016, 17 (10): 2811-2821.

[58] 邱利宏, 钱立军, 杜志远. 车联网环境下车辆最优车速闭环快速模型预测控制 [J]. 中国机械工程, 2017, 28 (10): 1245-1253.

[59] Sun C, Moura S, Hu X. Dynamic traffic feedback data enabled energy management in plug-in hybrid electric vehicles [J]. IEEE Transactions on Control Systems Technology, 2018, 23 (3): 1075-1086.

[60] Stockar S, Marano V, Canova M, et al. Energy optimal control of plug-in hybrid electric vehicles for real-world driving cycles [J]. IEEE Transactions on Vehicular Technology, 2011, 60 (7): 949-962.

[61] 彭剑坤. 插电式混合动力公交车工况构建和变时域预测能量管理 [D]. 北京: 北京理工大学, 2016.

[62] Vojtisek-Lom M, Lambert D C, Wilson P J. Real-world Emissions From 40 Heavy-Duty Diesel Trucks Recruited at Tulare, CA Rest Area [R]. SAE Technical Paper, 2002.

[63] 姜平, 石琴, 陈无畏, 等. 基于小波分析的城市道路行驶工况构建的研究 [J]. 汽车工程, 2011, 51 (1): 70-73.

[64] Clark N, Gautam M, Wayne W S, et al. Creation and evaluation of a medium Heavy-Duty Truck test cycle [J]. SAE transactions, 2003, 112 (4): 2654-2668.

[65] He H, Guo J, Peng J, et al. Real-time global driving cycle construction and the application to economy driving pro system in plug-in hybrid electric vehicles [J]. Energy, 2018, 152: 95-107.

[66] Peng J, Pan D, He H. Study on the driving cycle construction for city hybrid bus [C]. International Conference on Intelligent Systems Research and Mechatronics Engineering, 2015: 3735-3740.

[67] Guo J, Sun C, He H, Peng J. Urban global driving cycle construction method and global optimal energy management in plug-in hybrid electric vehicle [J]. Energy Procedia, 2018, 152: 593-598.

[68] Murphey Y, Chen Z, Kiliaris L, et al. Neural Learning of Driving Environment Prediction for Vehicle Power Management [C] // IEEE International Joint Conference on Neural Networks, 2008: 3755-3761.

[69] Gurkaynak Y, Khaligh A, Emadi A. Neural adaptive control strategy for hybrid electric vehicles with parallel powertrain [C] // Vehicle Power and Propulsion Conference. IEEE, 2010: 1-6.

[70] Langari R, Won J. Intelligent energy management agent for a parallel hybrid vehicle-part i: system architecture and design of the driving situation identification process [J]. IEEE Transactions on Vehicular Technology, 2005, 54 (3): 925-934.

[71] Jeon S, Park Y, Lee J. Multi-mode driving control of a parallel hybrid electric vehicle using driving pattern recognition [J]. Journal of Dynamic Systems, Measurement, and Control, 2002, 124 (1): 141-149.

[72] Xie H, Tian G, Du G. A hybrid method combining markov prediction and fuzzy classification for driving condition recognition [J]. IEEE Transactions on Vehicular Technology, 2018, 67 (11): 10411-10424.

[73] 张岩. 面向混合动力汽车能量管理策略的汽车运行工况多尺度预测方法 [D]. 长春: 吉林大学, 2013.

[74] Jonsson, Johan. Fuel optimized predictive following in low speed conditions [D]. Linköpings universitet, 2003.

[75] Ichikawa S, Yokoi Y, Doki S, et. al. Novel energy management system for hybrid electric vehicles utilizing car navigation over a commuting route [C] // Proc. IEEE Intelligent Vehicles Symposium. IEEE, 2004: 161-166.

[76] 杨盼盼. 汽车未来行驶车速预测 [D]. 重庆: 重庆大学, 2013.

[77] 连静. 一种基于车联网的混合动力客车行驶工况预测方法：102831768 [P]. 2014-10-15.

[78] Ilya K, Irina S, Bob L. Optimization of powertrain operating policy for feasibility assessment and calibration: stochastic dynamic programming approach [C] // The American Control Conference Anchorage, 2002: 1425-1430.

[79] Lin C, Peng H, Grizzle J W. A stochastic control strategy for hybrid electric vehicles [C] // American Control Conference, 2004: 4710-4715.

[80] Lin Chan-Chiao Lin. Modeling and control strategy development for hybrid vehicles [D]. The University of Michigan, 2004.

[81] 潘登. 混合动力汽车城市循环工况构建及运行工况多尺度预测 [D]. 北京：北京理工大学, 2015.

[82] 张昕, 王松涛, 张欣. 基于马尔可夫链的混合动力汽车行驶工况预测研究 [J]. 汽车工程, 2014, 10 (36): 1217-1224.

[83] 谢皓. 基于BP神经网络及其优化算法的汽车车速预测 [D]. 重庆：重庆大学, 2013.

[84] Murphey Y L, Chen Z. Neural learning of driving environment prediction for vehicle power management [C] // IEEE International Joint Conference on Neural Networks, IEEE, 2008: 3755-3761.

[85] Ma X, Tao Z, Wang Y, et al. Long short-term memory neural network for traffic speed prediction using remote microwave sensor data [J]. Transportation Research Part C: emerging Technologies, 2015, 54: 187-197.

[86] He Y. ehicle-infrastructure Integration enabled plug-in hybrid electric vehicles for energy management [D]. Clemson University, 2013.

[87] Zhang C, Vahidi A, Pisu P, et al. Role of terrain preview in energy management of hybrid electric vehicles [J]. IEEE Transactions on Vehicular Technology, 2010, 59 (3): 1139-1147.

[88] Gong Q, Li Y, Peng Z. Optimal power management of plug-in HEV with intelligent transportation system [C] // Advanced intelligent mechatronics, 2007: 1-6.

[89] Fu L, Ozguner U, Tulpule P, et al. Real-time energy management and sensitivity study for hybrid electric vehicles [C] // 2011 American Control Conference, 2011: 2113-2118.

[90] Xiong R, Cao J, Yu Q. Reinforcement learning-based real-time power management for hybrid energy storage system in the plug-in hybrid electric vehicle [J]. Apply. Energy, 2018, 211 (5): 538-548.

[91] Zhang Y, Liu H. Fuzzy multi-objective control strategy for parallel hybrid electric vehicle [J]. Iet Electrical Systems in Transportation, 2012, 2: 39.

[92] Sabri M F, Danapalasingam K A, Rahmat M F. A review on hybrid electric vehicles architecture and energy management strategies [J]. Renewable & Sustainable Energy Reviews, 2016, 53: 1433-1442.

[93] Duan B, Wang Q, Zeng X, et al. Calibration methodology for energy management system of a plug-in hybrid electric vehicle [J]. Energy Conversion & Management, 2017, 136: 240-248.

[94] Zhang P, Yan F, Du C. A comprehensive analysis of energy management strategies for hybrid electric vehicles based on bibliometrics [J]. Renewable & Sustainable Energy Reviews, 2015, 4 (205): 88-104.

[95] Salmasi F R. Control strategies for hybrid electric vehicles: evolution, classifi- cation, comparison, and future trends [J]. IEEE Transactions On Vehicular Technology, 2007, 56: 2393-2404.

[96] Wirasin S, Emadi A. Classification and review of control strategies for plug-in hybrid electric vehicles [J]. IEEE Transactions on Vehicular Technology, 2011, 60 (1): 111-122.

[97] Opila D F, Wang X, Mcgee R, et al. An energy management controller to optimally trade off fuel economy and drivability for hybrid vehicles [J]. IEEE Transactions on Control Systems Technology, 2012, 20: 1490-1505.

[98] 段本明. 插电式混合动力汽车整车控制器标定方法研究 [D]. 长春：吉林大学, 2017.

[99] Borhan H, Vahidi A, Phillips A M, et al. MPC-based energy management of a power-split hybrid electric vehicle [J]. IEEE Transactions on Control Systems Technology, 2012, 20: 593-603.

[100] 杨南南. 基于历史数据的行星混联式客车在线优化控制策略 [D]. 长春：吉林大学, 2018.

[101] Bossio G R, Moitre D. Optimization of power management in a hybrid electric vehicle using dynamic programming [J]. Mathematics & Computers in Simulation, 2006, 73 (1): 244-254.

[102] He H, Guo J, Zhou N, Sun C, et al. Freeway driving cycle construction based on real-time traffic information and global optimal energy management for plug-in hybrid electric vehicles [J]. Energies, 2017, 10 (11): 1796-1815.

[103] Wu J, Zhang C, Cui N. Fuzzy energy management strategy for a hybrid electric vehicle based on driving cycle recognition [J]. International Journal of Automotive Technology, 2012, 13 (7): 1159-1167.

[104] Bossio G R, Moitre D. Optimization of power management in a hybrid electric vehicle using dynamic programming [J]. Mathematics & Computers in Simulation, 2006, 73 (1): 244-254.

[105] Al-Aawar N, Hijazi T M, Arkadan A A. Particle swarm optimization of coupled electromechanical systems [J]. Magnetics IEEE Transactions on, 2011, 47 (5): 1314-1317.

[106] Montazeri-Gh M, Poursamad A. Application of genetic algorithm for simultaneous optimisation of HEV component sizing and control strategy [J]. International Journal of Alternative Propulsion, 2006, 1 (1): 63-78.

[107] He H, Guo J, Peng J, et al. Real-time global driving cycle construction and the application to economy driving pro system in plug-in hybrid electric vehicles [J]. Energy 2018, 152: 95-107.

[108] Guo J, Sun C, He H. Urban global driving cycle construction method and global optimal energy management in plug-in hybrid electric vehicle [J]. Energy Procedia. 2018, 152: 593-598.

[109] 张风奇. 车联网环境下并联混合动力客车控制策略优化研究 [D]. 北京: 北京理工大学, 2016.

[110] Langari R, Won J S. Intelligent energy management agent for a parallel hybrid vehicle-Part I: System architecture and design of the driving situation identification process [J]. IEEE Transactions on Vehicular Technology, 2005, 54 (3): 925-934.

[111] Li S, Hu M. Energy management strategy for hybrid electric vehicle based on driving condition identification-using kga-means [J]. Energies, 2018, 11 (6): 1531-1547.

[112] Montazerigh M. Near-optimal soc trajectory for traffic-based adaptive phev control strategy [J]. IEEE Transactions on Vehicular Technology, 2017, 66 (11): 9753-9760.

[113] Yuan J, Yang L, Chen Q, Intelligent energy management strategy based on hierarchical approximate global optimization for plug-in fuel cell hybrid electric vehicles [J]. International Journal of Hydrogen Energy, 2018, 43 (16): 8063-8078.

[114] Xie S, Hu X, Xin Z. Time-efficient stochastic model predictive energy management for a plug-in hybrid electric bus with an adaptive reference state-of-charge advisory [J]. IEEE Transactions on Vehicular Technology, 2018, 67 (7): 5671-5682.

[115] Li X, Han L, Liu H, et al. Real-time optimal energy management strategy for a dual-mode power-split hybrid electric vehicle based on an explicit model predictive control algorithm [J]. Energy, 2019, 172: 1161-1178.

[116] Amjad S, Neelakris S, Rudramoorthy R. Review of design considerations and technological challenges for successful development and deployment of plug-in hybrid electric vehicles [J]. Renewable & Sustainable Energy Reviews, 2010, 14 (3): 1104-1110.

[117] Hu Y, Yang L, Yan B, et al. An online rolling optimal control strategy for commuter hybrid electric vehicles based on driving condition learning and prediction [J]. IEEE Transactions on Vehicular Technology, 2016, 65 (6): 4312-4327.

[118] Chen Z, Xiong R, Wang C. An on-line predictive energy management strategy for plug-in hybrid electric vehicles to counter the uncertain predic- tion of the driving cycle [J]. Apply Energy, 2017, 185: 1663-1672.

[119] Sun C, Sun F, He H. Investigating adaptive-ECMS with velocity forecast ability for hybrid electric vehicles [J]. Apply Energy, 2017, 185: 1644-1653.

[120] Zhou Y, Ravey A, Péra M. Review article A survey on driving prediction techniques for predictive energy management of plug-in hybrid electric vehicles [J]. Journal of Power Sources, 2019, 412: 480-495.

[121] Huang Y, Wang H, Khajepor A. Model predictive control power management strategies for HEVs: a review [J]. Journal of Power Sources, 2017, 341: 91-106.

[122] Borhan H, Vahidi A, Phillips A M, et al. MPC based energy management of a power-split hybrid electric

vehicle [J]. IEEE Transactions on Control Systems Technology, 2012, 20 (3): 593-603.

[123] Hu X, Liu T, Qi X, et al. Reinforcement learning for hybrid and plug-in hybrid electric vehicle energy management [J]. IEEE Industrial Electronics Magazine, 2019; 19: 593-598.

[124] Zhang T, Kahn G, Levine S, et al. Learning deep control policies for autonomous aerial vehicles with mpc-guided policy search [C] // in Proc. 2016 IEEE Int. Conf. Robotics and Automation (ICRA), 2016: 528-535.

[125] Xiang C, Ding F, Wang W, et al. Energy management of a dual-mode power-split hybrid electric vehicle based on velocity prediction and nonlinear model predictive control [J]. Apply Energy, 2017, 1 (189): 640-53.

[126] Khanjary M, Hashemi S. Route guidance systems: review and classification [C] // In: 2012 6th Euro American Conference on Telematics and Information Systems, 2012: 1-7.

[127] 张书玮. 插电式混合动力公交车工况构建和变时域预测能量管理 [D]. 北京: 清华大学, 2017.

[128] 陈征, 刘亚辉, 杨芳. 基于进化-增强学习方法的插电式混合动力公交车能量管理策略 [J]. 机械工程学报, 2017 (16): 100-107.

[129] 胡悦. 混合动力电动汽车控制系统设计与能量管理策略研究 [D]. 北京: 中国科学院大学, 2018.

[130] Zhang F, Hu X, Langari R, et al. Energy management strategies of connected HEVs and PHEVs: Recent progress and outlook [J]. Progress in Energy and Combustion Science. 2019, 73: 235-256.

[131] Mahler G, Winckler A, Fayazi S A, et al. Cellular communication of traffic signal state to connected vehicles for arterial eco-driving [C] // In: 2017 IEEE 20th International Conference on Intelligent Transportation Systems, IEEE, 2017: 1-6.

[132] 孙超. 混合动力汽车预测能量管理研究 [D]. 北京: 北京理工大学, 2016.

[133] Ozatay E. Cloud-based velocity profile optimization for everyday driving: A dynamic- programming-based solution [J]. IEEE Transactions on Intelligent Transportation Systems, 2014, 15 (6): 2491-2505.

[134] Hu X, Wang H, Tang X. Cyber-physical control for energy-saving vehicle fol- lowing with connectivity [J]. IEEE Transactions on Industrial Electronics, 2017, 64 (11): 8578-8587.

[135] Apt K. Principles of constraint programming [M]. London: Cambridge University Press, 2003.

[136] Dechter R. Constraint Networks [J]. Constraint Processing, 2003: 25-49.

[137] Brailsford S C, Potts C N, Smith B M. Constraint Satisfaction Problems: Algorithms and Applications [J]. European Journal of Operational Research, 1999, 119.

[138] Helsgaun K. Backtrack programming with SIMULA [J]. Computer Journal, 1984, 27 (2): 151-158.

[139] Miguel I, Shen Q. Solution Techniques for Constraint Satisfaction Problems: Foundations [M]. Kluwer Academic Publishers, 2001, 15 (4): 243-267.

[140] Jr R J B, Miranker D P. An optimal backtrack algorithm for tree-structured constraint satisfaction problems [J]. Artificial Intelligence, 1994, 71 (1): 159-181.

[141] Bitner J R, Reingold E M. Backtrack programming techniques [J]. Communications of the Acm, 1975, 18 (11): 651-656.

[142] 仇棣. 算法设计与分析——计算机理论领域中的一本好书 [J]. 应用数学, 1991 (2): 10.

[143] Peng J, He H, Xiong R. Rule based energy management strategy for a series-parallel plug-in hybrid electric bus optimized by dynamic programming [J]. Applied Energy, 2017, 185: 1633-1643.

[144] 王迪迪, 李俊卫. 机械优化设计方法 [J]. 工程技术 (全文版), 2017 (2): 204-205.

[145] 雷德明, 严新平. 多目标智能优化算法及其应用 [M]. 北京: 科学出版社, 2009.

[146] 赖宇阳, 姜欣. Isight 参数优化理论与实例详解 [M]. 北京: 北京航空航天大学出版社, 2012.

[147] 林锉云, 董加礼. 多目标优化的方法与理论 [M]. 长春: 吉林教育出版社, 1992.

[148] 金天坤. 多目标最优化方法及应用 [D]. 长春: 吉林大学, 2009.

[149] 郑赟韬, 方杰, 蔡国飙. 应用于工程设计的多目标优化方法比较 [J]. 北京航空航天大学学报, 2006, 32 (007): 860-864.

[150] Deb K, Pratap A, Agarwal S, et al. A fast and elitist multiobjective genetic algorithm: NSGA-II [J]. IEEE Transactions on Evolutionary Computation, 2002, 6 (2): 182-197.

[151] 郑德如. 回归分析和相关分析 [M]. 上海：上海人民出版社，1984.

[152] 张健南. 缺失数据下极限学习机改进算法及其应用 [D]. 北京：清华大学，2014.

[153] Hu Y, Lin Y, Yan B, et al. An online rolling optimal control strategy for commuter hybrid electric vehicles based on driving condition learning and prediction [J]. IEEE Transactions on Vehicular Technology, 2016, 65 (6): 4312-4327.

[154] Nyberg P, Frisk E, Nielsen L. Using Real-World Driving Databases to Generate Driving Cycles with Equivalence Properties [J]. IEEE Transactions on Vehicular Technology, 2016, 65 (6): 4095-4105.

[155] Shen P, Zhao Z, Zhan X, et al. Optimal energy management strategy for a plug-in hybrid electric commercial vehicle based on velocity prediction [J]. Energy, 2018, 155: 838-852.

[156] Mozaffari L, Mozaffari A, Azad N. Vehicle speed prediction via a sliding-window time series analysis and an evolutionary least learning machine: A case study on San Francisco urban roads [J]. Engineering Science & Technology An International Journal, 2015, 18 (2): 150-162.

[157] 曾小华, 王越, 杨南南. 终止状态约束的行星混动系统全局优化算法 [J]. 汽车工程，2019，41 (3): 4-9.

[158] Wang Y, Zeng X. Optimal rule design methodology for energy management strategy of a power-split hybrid electric bus [J]. Energy, 2019, 185: 68-80.

[159] Montazerigh M. Near-Optimal SOC Trajectory for Traffic-Based Adaptive PHEV Control Strategy [J]. IEEE Transactions on Vehicular Technology, 2017, 66 (11): 9753-9760.

[160] Tian H, Li S, Wang X, et al. Data-driven hierarchical control for online energy management of plug-in hybridelectric city bus [J]. Energy, 2018, 142: 55-67.

[161] Sun C, Sun F, He H, Investigating adaptive-ECMS with velocity forecast ability for hybrid electric vehicles [J]. Applied. Energy, 2017, Vol. 185: 1644.

[162] 曾小华，李广含，宋大凤，等. 基于能量计算模型的混合动力系统理论油耗分析 [J]. 汽车工程，2019，41 (03): 266-274.

[163] Hu X, Liu T. Reinforcement learning for hybrid and plug-in hybrid electric vehicle energy management [J]. IEEE Industrial Electronics Magazine, 2019, 9: 16-25.

[164] Benford H L, Leising M B. The lever analogy: A new tool in transmission analysis [R]. SAE Technical Paper, 1981.

[165] Zou Y, Liu T, Liu D, et al. Reinforcement learning-based real-time energy management for a hybrid tracked vehicle [J]. Apply. Energy, 2016, 171: 372-382.

[166] Liu T, Zou Y, Liu D, et al. Reinforcement Learning of Adaptive Energy Management with Transition Probability for a Hybrid Electric Tracked Vehicle [J]. IEEE Transactions on Industrial Electronics, 2015, 62 (12): 7837-7846.

[167] Lin X, Wang Y, Bogdan P, et al. Reinforcement learning based power management for hybrid electric vehicles [C] // in Proc. IEEE ICCAD, 2014: 33-38.

[168] Tan H, Zhang H, Peng J, et al. Energy management of hybrid electric bus based on deep reinforcement learning in continuous state and action space [J]. Energy Conversion and Management, 2019, 195: 548-560.

[169] Hu Y, Li W, Xu K, et al. Energy Management Strategy for a Hybrid Electric Vehicle Based on Deep Reinforcement Learning [J]. Apply. Science, 2018, 8 (2): 187-200.

[170] Du G, Zou Y, Zhang X, et al. Intelligent energy management for hybrid electric tracked vehicles using online reinforcement learning [J]. Apply Energy, 2019, 251: 1133-1148.